「食」の図書館

バナナの歴史

BANANA: A GLOBAL HISTORY

LORNA PIATTI-FARNELL
ローナ・ピアッティ=ファーネル【著】
大山 晶【訳】

原書房

目次

［……］は翻訳者による注記である。

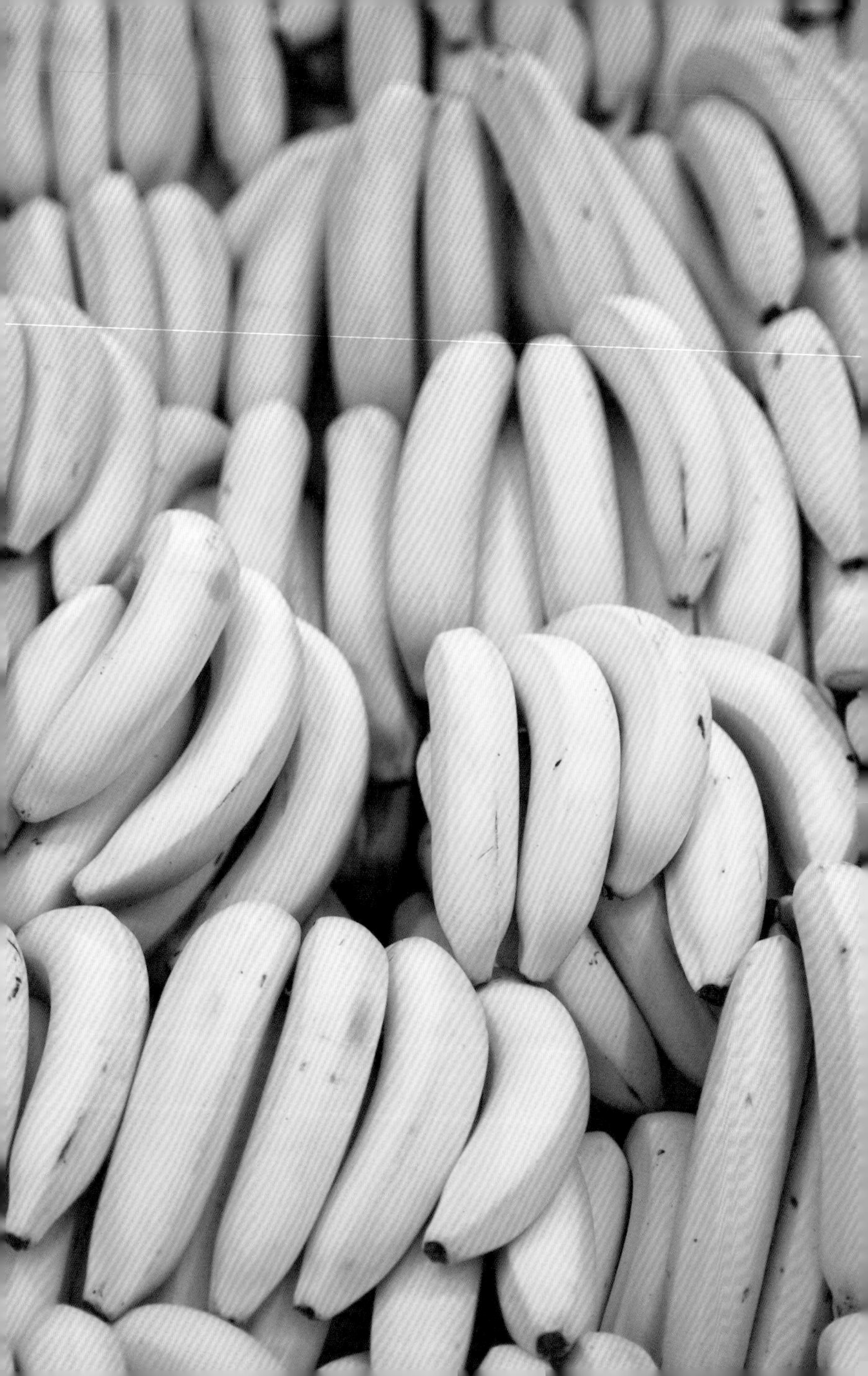

序章◉

バナナの一族

◉バナナは木ではない

栽培が始まって以来ずっと、バナナは人間の歴史の中で重要な役割を担ってきた。主食となる、異国情緒や植民地の象徴となる、あるいは驚くほど栄養価の高い食品として再評価される、フェアトレード論争で主役を務めるなど、バナナは数千年にわたり人間の発展と深くかかわってきた。バナナは単なる食品ではない。人間の発展とコミュニケーションに大きな役割を果たしてきた。しかし、人間の生活と歴史におけるバナナの重要性を評価する前に、多くの消費者が無視しがちな部分に目を向ける必要がある。バナナ自身にどのような特性があるかだ。どこが原産なのか、どのように育つのか、そして植えつけられてから私たちの手元に届くまで、どのような過程をたどるのか、といったことだ。

植物学的には、バナナはベリーに分類される。1977年に植物学者ジェームズ・P・スミスがバナナを「革のようなベリー」と形容したのは興味深い。(1) バナナはバショウ（musa）属の顕花《けんか》植物［花をつける植物］で、原産地は世界のいくつかの地域に分かれる。バショウ科にはいくつかの「ムサ（musa）」という語のつく属が含まれる。バショウ科は草本《そうほん》の顕花植物で、葉鞘《ようしょう》［鞘《さや》状になった葉の基部］が重なり合って幹のようになるため木を思わせるが、植物学的には草である。

しかし歌でも本でも民話でも、おそらく昔からずっと、バナナは「木」と呼ばれてきた。そのために混乱が生じ、バナナは木になるという誤った考えがまかり通るようになった。ロジャース&ハマースタインの有名なミュージカル『南太平洋』（1949年初演。多くの魅力的な楽曲からなる娯楽作品）などを見て、人々は「バナナを好きなだけ木からもぎ取れる」未開の楽園を連想し、真実をあいまいにしたまま今日まできてしまったのだ。(2)

バショウ属は70を超える種と亜種からなる。バナナとそのいとこプランテンが代表選手だ。バナナもプランテンも丈《たけ》が高くなる植物で、構造が熱帯樹に似ており、葉柄《ようへい》［葉を支える柄の部分］の大きなところも木だと誤解される原因になっている。バナナは周知のとおり多年生植物だ。球茎《きゅうけい》と呼ばれる器官から地上部が伸びていく。じつはこれは一種の地下茎で、おもに貯蔵器官の役割を果たし、冬の寒さや夏の渇水といった不都合な気象状況を生き延びるのに役立っている。

バナナは一般的に丈が高く丈夫で、葉は木の幹に似た偽茎《ぎけい》を形成する。栽培種のバナナは品種によってだけでなく、生育する環境しだいでさまざまな高さに成長する。普通は5メートルほどだが、小型の種類は3メートル、もっと大型の品種では7メートル、またはそれ以上の高さになるものもある。(3) バナナの葉は茎からせん状に生え、長さ2・7メートル、幅60センチ以上になることもある。葉は非常にもろく、強風など天候の変化によってすぐにぼろぼろになる。ひとたび破れると、いかにもバナナといった風情の葉になる。(4)

◉バナナの実

バナナが「果実」(正確には「果菜《かさい》」)をつける過程は、ほかの多くのベリー類と同様だ。植物が十分に成長して一定の高さになると球茎は新たな葉を作るのをやめ、花をつけ始める。花穂《かすい》[穂のように咲く花]が果軸を作り、その先端に花序《かじょ》[花軸に複数の小花がついて、房状になった部分]ができる。各「偽茎」につく花序は通常ひとつだけだ。この「バナナハート」[バナナの花の通称]がバナナになる部分で、偽茎が十分成長すると葉の基部から花になる部分が伸び、最終的に実になる。「果実」の大きさ、色、質感はさまざまだが、大まかに言えば、バナナは長く湾曲した形をして、果肉は黄色いものが多く、やわらかで甘い。果肉はデンプン質の外皮に覆われ、皮は黄色、緑、あるいは赤で、熟れすぎると茶色になることもある。

バナナといえばつるんとした黄色い実というイメージがほぼ世界共通(特に欧米諸国ではそうだ)だが、それはごく一部のバナナにすぎない。北米やヨーロッパで一般的に食べられているのは、い

バナナの花序。クック諸島、ラロトンガ島。

わゆる「スイートバナナ」あるいは「デザートバナナ」だ。果肉は比較的やわらかで、デンプン質が少なく、熟したものをおもに生で食べる。焼き菓子に使われることもある。

一方、いわゆる甘くないバナナは、通常「プランテン」と呼ばれる。「プランテン」という語はさまざまに使われるが、普通は熟しても固く、調理して食べるタイプのバナナを指す。もっとも、よく熟したプランテンは生でも食べることができる。[5] プランテンは少々土臭い香りがあり、皮は厚く、簡単にはむけない。一般的に「バナナ」とは、熟したら生でも調理しても食べられる果物を指す。[6] 分類としては正しくないのだが、栽培上はバナナを「果物」、プランテンを「野菜」とみなすのが普通だ。

バナナとプランテンでは熟し方も質感も大きく異なるが、人間とのかかわりから見れば、両者の一番の違いはどのような食べ方をするかにある。遺伝子という点からは、両者が同じ科の仲間であることに間違いはない。実際、欧米以外、つまり東南アジアなどでは、「バナナ」と「プランテン」を言葉で区別しない。こういった地域ではじつに多くの品種のバナナが栽培され、食べられているので、ふたつの「タイプ」のバナナをことさら単純化して区別する必要はないのだ。

バナナは一般的に熱帯気候でよく育つ。「湿った」土を好むものの、水はけをよくし適切な湿度を保てば、バナナが成長するにふさわしい土壌ができあがり、かなりうまく育つ。水はけがよく、土地を肥沃にする腐植質に富んだ土が理想的だ。[7] こういった理由から、沖積《ちゅうせき》土《ど》、あるいは火山灰性の土が特に、バナナの生育に適しており、マレーシア、インドネシアと南太平洋の島々がその典型であることは歴史的に証明されている。

しかし長い年月の間に、バナナの栽培は熱帯地方全域、さらには亜熱帯の一部地域にまで広まった。バナナは気温20℃から30℃でもっともよく成長する。気温が高すぎると成長が止まるばかりか葉焼けの原因にもなるため、38℃以上の気温は向かない。また、霜《しも》にも弱い。13℃以下の低温にさらされるとダメージを受け、場合によっては枯れてしまう原因にもなる。

バナナの果房はバンチとも呼ばれ、ひとつの果房に複数の果段《かだん》ができる。果段はハンド（手）とも呼ばれ、各果段に20本前後の果実がつく。個々のバナナの果実はフィンガー（指）とも呼ばれ、まるで解剖学のようだ。果房は偽茎の頂部から下がり、根元近くまで届く場合も多い。バナナの果実は、比較的単純な構造をしている。果肉を保護する外皮と、その内側に縦方向に走る多くの筋。この筋は維管束と呼ばれる。筋を食べてしまったときの不快な感じを妙に思い出させるつまらない名前だ。バナナの果肉は栄養分が豊富で、75パーセントの水分とわずか25パーセントの固形分からなっている。(8)

◉バナナの分類

少なくとも欧米の歴史において、バショウ属に関する正式な記録が登場したのは、ドイツ生まれの植物学者ゲオルク・エバーハルト・ルンフィウスの『アンボイナ植物誌 *Herbarium amboinense*』が最初だ。これは彼の死後、1741年に出版された植物目録である。目録には豊富な挿絵と解説が添えられ、のちに幾人もの著名な植物学者に利用されることになる。

当時バナナは科学的根拠に乏しい不適切な分類により、ムサ・クリフォルティアナ（Musa cliffortiana）と呼ばれていた。ルンフィウスが提供した資料は、リンネ［スウェーデンの植物学者］に代表される植物分類法の分野に大きく貢献した。実際、バショウ属が正式に確立したのは、リンネに負うところが大きい。1753年に出版した『植物の種 *Species plantarum*』の初版で、リンネは一種類のバナナを認知してムサ・パラディシアカ（Musa paradisiaca）と名づけ、今日のいわゆるプランテンに当てはまる解説を添えている。[9] この段階では、リンネによるバナナの分類は非常に単純である。この品種は細長い実をつけ調理しても高いデンプン価が維持される、と基本的な説明をしているだけだ。

リンネはのちに『自然の体系 *System naturae*』の1759年版で、バナナの分類をさらに進めている。しかし植物を分類し命名したこちらの新しい目録にさえ、彼はバナナを2種類しか入れていない。「デザートバナナ」のムサ・サピエントゥム（Musa sapientum）と、プランテンのムサ・パラディシアカ（Musa paradisiaca）だ。[10] このふたつの「種」がじつはムサ・アクミナータ（Musa acuminata）とムサ・バルビシアーナ（Musa balbisiana）の交雑種であることが、今では知られている。今日のバナナがどのように発展してきたかを知る際、バナナの交配は非常に重要な部分だが、時を経るにしたがって、数多くの交雑種を区別するのは難しくなっている場合が多い。

全般的に不正確であるにもかかわらず、リンネによるバナナの分類はほぼ2世紀にわたり、広く使われ続けた。さまざまなバナナのサブグループが注意深く正確に分類されたのは、1940年代になってからのことである。イギリスのアーネスト・エントウィッスル・チーズマンをはじめとする研究者たちが科学的注意を払い、遺伝子型の混同を明らかにした。

リンネがムサ・サピエントゥム（*Musa sapientum*）と呼んでいたものは、「シルクバナナ」とも呼ばれるラツンダンにもっとも近いと今では考えられている。その一方で、ムサ・パラディシアカ（*Musa paradisiaca*）は一般的なキャベンディッシュ（学名 *Musa cavendishii*）のような品種ともっとも関係が深い。これは1834年に栽培を支援した第6代デヴォンシャー公ウィリアム・キャベンディッシュにちなんでつけられた名である。

バナナには他のベリー類や果物に比べ高レベルの放射性物質が含まれているという、作り話とも科学的事実ともつかない噂がある。バナナにはカリウムが多く含まれているが、放射性バナナという発想は、特に放射性同位体であるカリウム40がごく微量含まれていることから生まれた[11]。たとえバナナに放射性物質が含まれていることが科学的に証明されているにせよ、実を食べて目に見える悪影響を被ると考える者はいないだろう。つつましやかなバナナを山ほど食べても、残念ながら暗闇で光を放つことにはならないのが現実のようだ。

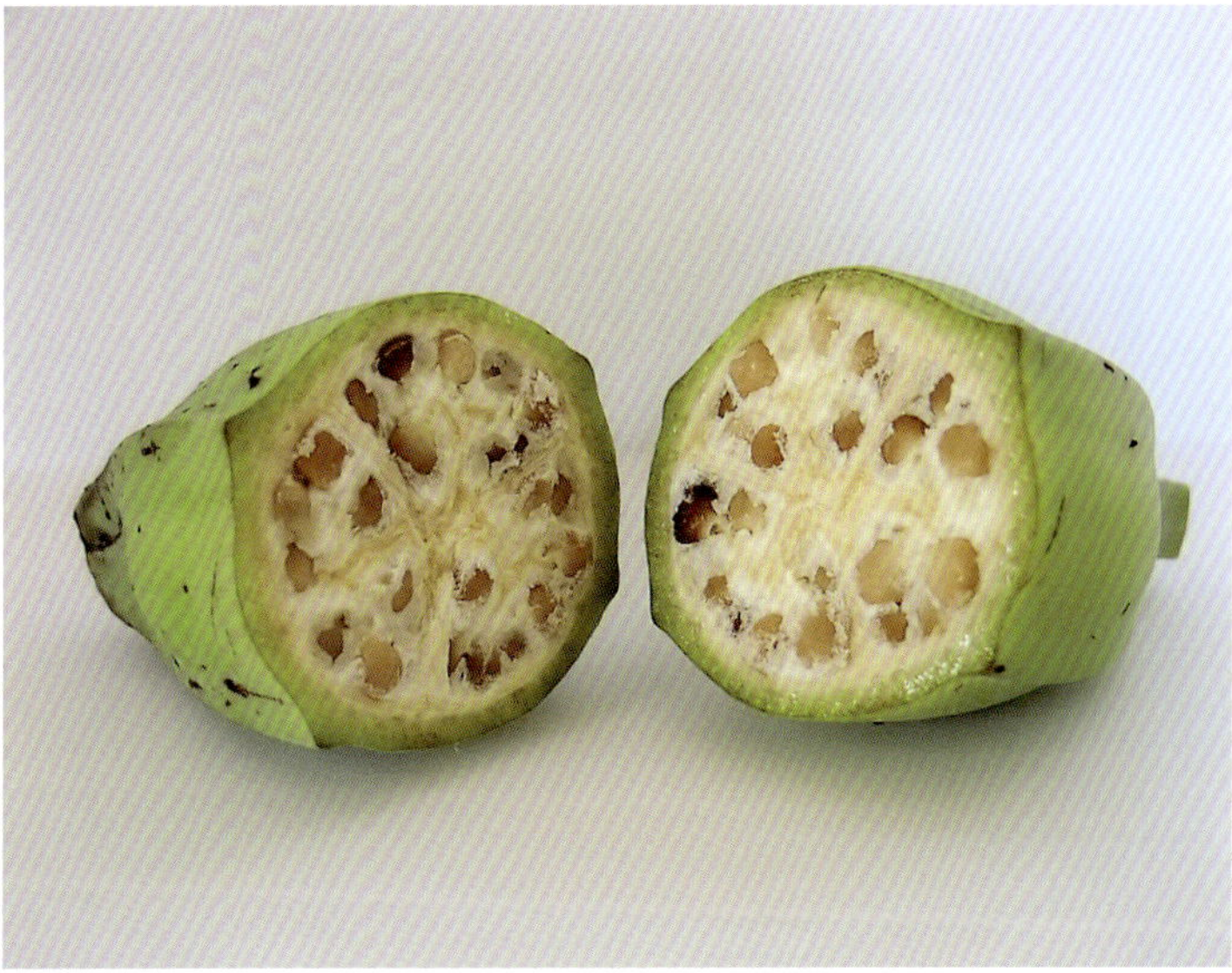

野生種バナナの内部

◉バナナの品種

バナナの品種は世界中で1000種を超え、さまざまな地域に生育している。すべての品種が食べられるわけではない。あるいは少なくとも、バナナの全品種が食用目的で生産されるわけではない。食用に適さない野生のバナナは今でも数多く見られる。たいていは人の小指よりも小さく、実の中は「食べれば歯がかけてしまうような種」でいっぱいだ。[12] 観賞用や儀式用に栽培されているものが多い。

種のない食用バナナは、おもにふたつの野生種を起源としている。ムサ・アクミナータ（*Musa acuminata*）とムサ・バルビシアーナ（*Musa balbisiana*）だ。現在食用として栽培されているバナナは、全部ではないもののほとんどの品種が、このふたつの交雑種にあたる。

当然のことながら、交配により生み出された品種の数は驚くほどだ。食用バナナの多くは、その多数の亜種とともに、ムサ・パラディシアカ（*Musa x paradisiaca*）というさらに大きな交雑種のグループに含まれる。品種の違いは、物理的な外観と形状、料理に使うかどうかだけでなく、その地理的起源にも関係する。

ムサ・バルビシアーナは、おもに東南アジアで見られる比較的小さなグループだ。このグループのバナナは青々とした葉が豊かに茂るのが特徴で、特にタイでは、食材を包んで調理するのにこの葉が使われることが多い。ムサ・アクミナータから生まれたサブグループは、今日食べられているバナナの大部分を占めている。これらはおもにマレーシア、インドネシア、フィリピン諸島、南インド、東アフリカ、タイ、西インド諸島、ブラジル、コロンビア原産だ。このグループ品種は数が多く、かなりの遺伝的多様性を示している。

ムサ・アクミナータは湿気の多い熱帯気候を好むが、ムサ・バルビシアーナはもっと丈夫で、比較的天候が不順でも成長できる。どちらのグループも、千年とまではいかないが、何世紀にもわたり人間とかかわりあってきた。紀元前1000年頃からムサ・バルビシアーナが生育していた地域にムサ・アクミナータが持ち込まれると、ふたつが交雑して食用向きで輸送しやすいバナナの品種が数多く生まれた。交配とバナナ栽培はフィリピン諸島から太平洋諸島、西はアフリカに広まり、紀元前400年頃にはインドネシアの交易を通じてマダガスカル島沿岸に到達した。

地球上でもっともよく知られたバナナといえば、品種や亜種にかかわらず、黄色いバナナだろう。

よく見られる黄色いキャベンディッシュ種のバナナ。チキータ社が販売しているもの。

その象徴的なイメージと大衆性から、私たちはこのタイプが「本当のバナナ」だと思いがちだ。実際は、特定のサブグループの色が黄色と決まっているわけではないし、植物学上の厳密な区別があるわけでもない。何世紀にもわたって工夫を凝らしたり人々が交流したりした結果、植物学的に異なるタイプのものすら同じような外見になったのだろう。この戦略の裏にどのような営利的な理屈があるかは、当然理解できる。

　欧米の人々の多くが食用にし、色、形、質感のうえでこれぞバナナだと認識している品種はキャベンディッシュだ。これは世界に流通しているバナナの47パーセントを占める。食用バナナの多様性を思えば、驚くべき数字だ。キャベンディッシュは丈の高さと実の特性によって区別され、外見のわずかな違いから特定のサブグループを容易に区分できる。

黄色いキャベンディッシュのサブグループにはドワーフ・キャベンディッシュ、ジャイアント・キャベンディッシュ、ブルゴーなど、有名な品種がある。ジャイアント・キャベンディッシュにはロブスタ、グランデ・ナイン、ヴァレリー、ラカタンとも呼ばれるピサン・マサク・ヒジャウなど多様な品種があるが、区別するのが難しい。グランデ・ナインは現在のあらゆるキャベンディッシュ種の「母」だと信じられている。

一方、中国原産のドワーフ・キャベンディッシュは丈夫で気候の変化に強いため、世界中でもっとも販売量の多い品種だ。[13] グランデ・ナインはチキータ社が扱っている関係で、「チキータ・バナナ」とも呼ばれている。黄色いキャベンディッシュ・バナナの多くは、東南アジア、中米、カナリア諸島［モロッコの西、大西洋にある火山諸島］、西インド諸島で栽培されている。「イエローバナナ」は外皮が鮮やかな黄色になり、茶色い斑点がいくつか現れると熟したとみなされる。

人気があると言っても、現在のキャベンディッシュがずっと愛されてきたわけではない。私たちが今好んで味わっているバナナは、比較的最近の「作品」で、私たちの祖父母がわずか数十年前に食べていた品種とすら異なる。[14] 1950年代以前に有名だったバナナは、現在人気のキャベンディッシュとは味も外見も少々異なっていた。グロスミッチェル、またの名を「ビッグ・マイク」という品種で、文字どおり大きいだけでなく、クリーミーな質感と豊かな香りを持ち、目に見えて皮が厚い。多くの人々にとってはこれが「オリジナル」のバナナであって、19世紀末から第二次世界大戦

ペドロ・アレクサンドリーノ『バナナと金属器』(1900年頃)

終結まで、欧米の食卓に登場したのはこのバナナだった。[15]

多くのヨーロッパ諸国で、第二次世界大戦終結の象徴となったのは、掛け値なしにグロスミッチェル・バナナとその配給だった。この時代にバナナはある意味で新たな隆盛をきわめ、バナナの存在は重苦しい耐乏生活を送ったあとの商業と貿易の復活を意味した。

しかし第二次世界大戦終結からまもなく、グロスミッチェル・バナナの人気は衰え、入手が難しくなり始める。原因は品種の存続を脅かす病気の発生だ。この病気は最初に感染が確認された国の名をとって、今も「パナマ病」と呼ばれている。[16] パナマ病は、正確にはフザリウム・オキシスポルム(*Fusarium oxysporum*)と呼ばれるカビの一種による病気だ。土と水を通して強い伝染力で広がり、感染しやすく治癒しにくい。中南米とアフリカに生育していたグロスミッチェルはパナマ病によってほぼ全滅し、タイとマレーシアにいくつかの栽培地域が残るのみである。

「グリーンバナナ」のサブグループの中には、「プランテン」と呼ばれる品種が多く見られる。サイズが大きく、独特な緑がかった外皮をしている。実を言えばプランテンも熟すと黄色くなるのだが、それでは熟れすぎで、どろどろした質感は料理に向かない。東アフリカに生育するグリーンバナナはムサ・ブリエイ（*Musa brieyi*）が一般的で、東アフリカ高地系バナナとも呼ばれる。主生産地はウガンダで、他の大多数の品種と同様に、ムティカ／ルジュグラグループと呼ばれるムサ・アクミナータの交雑種である。[17] 東アフリカ高地系バナナは早めに収穫することで緑色に保たれ、ウガンダのみならず、タンザニア、ルワンダ、ブルンジでも消費される。このタイプのグリーンプランテンは、カリブ諸島にも存在することが知られている。

英語では一般に「ジャパニーズ・バナナ」と呼ばれる「芭蕉」（学名 *Musa basjoo*）も、「グリーンバナナ」のサブグループのひとつだ。日本で人気があることから、この品種は琉球諸島原産だと長く考えられてきた。芭蕉の最古の栽培記録が見られるのもこの地域だ。[18] しかし最近の研究により、このタイプのバナナは野生種と栽培品種両方が生育する中国四川省原産だと特定された。

芭蕉は中国ではおもに漢方薬の材料として使われており、食用品種ではない。果肉がわずかなうえ、大きな黒い種がぎっしり詰まっていて、食べるのは事実上不可能なのだ。それゆえ、このバナナはおもに観賞用、非食用の目的で栽培されている。観賞用の芭蕉は17～18世紀に日本で栽培され、

グリーンバナナの果房。クック諸島、ラロトンガ島。

欧米諸国との貿易が推し進められた19世紀末に海外で人気を博した。この時代に西欧、カナダ、アメリカでは「熱帯的な雰囲気」を漂わせる美しさと魅力のおかげで芭蕉の人気が高まり、その青々とした葉は多くの庭園を飾った。

日本では芭蕉の繊維も収穫され、織物を作るのに利用される。今も作られているこの織物は、芭蕉布と呼ばれている。文字どおり「芭蕉から作った布」だ。[19] 芭蕉の皮をはぎ、灰汁《あく》で煮て、乾燥させたのち繊維をとり、糸にして布を織る。できあがった布はテーブルクロス、着物、紙、もっとも有名なところでは手織りの敷物などを作るのに使われる。

オーストラリアでレッド・ダッカ・バナナとも呼ばれるレッドバナナは、東アフリカ、南米、南太平洋とアジア全域で作られる品種である。実は小さくふっくらしており、独特な赤っぽい皮の色からこの名がついた。レッドバナナの果肉はクリーム色で、ほんのりピンクがかっている。食感はやわらかくて甘く、ラズベリーの味わいを思わせる。キャベンディッシュバナナは黄色しかないと誤解されているが、厳密に言えば、レッドバナナはキャベンディッシュバナナのサブグループだ。この品種は、皮の色が目のさめるような赤であることから、クラレット・バナナあるいはキューバン・レッドバナナと呼ばれることもある。

南太平洋の島々では、フェイ・バナナ（学名 *Musa troglodytarum*）が人気がある。たいていのバナナやプランテンとは外観がまったく異なり、別の野生種の出である。フェイ・バナナの皮は鮮やかなオレンジ色から赤色まで、人目を引く多様な色合いをしており、鮮やかな果肉は黄色からオレン

メキシコのメヒコ州メテペクの青空市場で売られているレッドバナナ

ジだ。マンゴーの果肉の色を想像してもらえば一番近いかもしれない。フェイ・バナナはベータカロテンが豊富なことで知られる。実が鮮やかなオレンジ色をしているのはそのためだ。ゆえに、この品種はしばしばカロテノイド・バナナと呼ばれる。[20] 果房が偽茎から直立して伸びることで知られ、特にフランス領ポリネシア、ソロモン諸島、サモア諸島に多い。

欧米に限って言えば、フェイ・バナナが登場する最古の記述はルンフィウスの『アンボイナ植物誌』（1741年）だ。バショウ属について解説した箇所に、ルンフィウスはフェイ・バナナのスケッチと、「花序が直立し、のちに鮮やかな色合いの果実を作る」という説明を載せ、ムサ・ウラノスコポス（Musa uranoscopos）、つまり「天国を思わせるバナナ」と呼んでいる。ルンフィウスはまた、このバナナを食べた際の尿の変化にも触れている。尿が明るい黄色になるというのだ。これは今日報告されているフェイ・バナナの特徴と一致している。

ルンフィウスが早くから尽力したにもかかわらず、フェイ・バナナの正式な植物学的分類がなされたのは1917年になってからのことだ。非公式にムサ・ウラノスコポス（Musa uranoscopos）と呼ばれていたこのバナナに、E・D・メリルがハイブリッド品種としてムサ・トログロディタルム（Musa troglodytarum）と名づけたのである。しかしこの名は2004年までフェイ・バナナの多数の品種の呼称として一般には受け入れられなかった。植物の分類に関する限り、科学の進展は非常に遅いのだ。画家ポール・ゴーギャンが独特な赤とオレンジのフェイ・バナナを描いたことはよく知られている。『食事』など、南太平洋の情景を描いたいくつかの絵にフェイ・バナナは登

ポール・ゴーギャン『食事』。『バナナ』とも呼ばれる。1891年。

場している。

もちろん、色が多様だからといって、必ずしもバナナそのものが「異なる」わけではないし、共通点がほとんどないわけでもない。バナナの品種はすべて遺伝的に近く、ときには品種の違いは染色体の非常に小さな差異から生じる場合もある。だが味や質感となると話は別で、「姉妹」と呼ばれるほど近い品種でも、食べてみるとまったく味わいが異なる可能性もあるのだ。黄、緑、赤という三色の品種はもっとも有名だが、欧米では食べられていない色の異なるバナナが多数存在することは述べておく必要がある。

ムサ・ネパレンシス（*Musa nepalensis*）、またはエンセテ・グラウクム（*Ensete glaucum*）とも呼ばれるスノー・バナナは、一般的なアビシニアン・バナナの比較的大きな品種だ。一般にアフリカで生育するこの品種の一番の特徴は、おもに根菜として栽培され、「果実」は二次生産品にすぎないという点だろう。ピンクバナナ（学名 *Musa velutina*）は熱帯地域でおもに観賞用として育てられる種の多いバナナだが、甘いので、果肉全体に散らばる硬い種をものともしないほど勇敢ならば、食べられないこともない。同様にスカーレットバナナ（学名 *Musa coccinea*）は中国原産だが、今ではおもにハワイで栽培されている。食用ではなく、純粋に観賞用だ。

◉クローンと病気

バナナを食べていて、その中身に疑問を抱いた人は大勢いるだろう。どう見ても種がないのだ。正確に言うと、種はあるにはあるのだが、何世紀にもわたり人間が工夫を凝らしてきた結果、小さな黒い点々にすぎなくなっている。おかげでバナナは食べやすくなったが、生殖機能は完全に失われた。栽培種のバナナはすべて単為結実《たんいけつじつ》［受精が行なわれずに果実ができること］で、生殖ができない。栽培種のバナナを植えてもそこから新しくバナナが生えてくることは期待できないのだ。

では、バナナはどうやって繁殖するのだろう。この疑問には簡単に答えられる。クローンを作ればよい。他の多くの植物（バラなど）に行なっているのと同じ方法でバナナを繁殖させることができる。接ぎ木をするのだ。バナナの一部分を移植することで、数千の新たなバナナが育つ。

ただし、この方法でバナナは数百万本に増殖するが、本当の意味での繁殖が行なわれているわけではない。どのバナナも同じ味、同じ質感、同じ色、ほぼ同じ大きさで、寸分たがわない。どのバナナもクローンなのである。ダン・コッペルが示唆しているように、どのバナナも「遺伝子はみな同じだ。そのバナナがエクアドル産であろうが、……カナリア諸島産であろうが……オーストラリアや台湾やマレーシアのものであろうが」[21]。バナナはどこでも同じなのだ。

クローンを作ることによって消費者はいつも同じ味を楽しめるが、その反面、どのバナナも遺伝子が同じであるがために、特定の病気に対して同じように弱い。そういった病気を「治す」ことはできない。移植された「クローン」のバナナは、元のバナナと同じように病気に感染しやすいことになる。さらに悪いことに、もし元のバナナがすでに感染していたら、新たな苗も感染し枯れる運命にある。生き残るチャンスは元のバナナと同じだ。ほぼゼロに近い。

だからバナナが致命的な病気にかかると、全プランテーションが壊滅し、種そのものがもしかすると絶滅し、農業史からその名が消える。まさにそのとおりのことが、パナマ病によって起こった。病害に襲われたのは、非常に愛されていたグロスミッチェル種である。すべてのバナナがクローンであるために、病気は発生元のパナマだけでなく、北はグアテマラやコスタリカ、南はエクアドルやコロンビアといった近隣の国々にまで急速に広がった。

一夜にしてバナナが全滅したわけではないが、それでも結果は衝撃的だった。数十年のうちにすべてのプランテーションがつぶれ、1960年にはグロスミッチェル種は表舞台から姿を消した[22]。バナナ貿易の歴史における暗黒時代だ。パニックが広がり、バナナ人気は風前の灯だと噂された。

どこにもない果物を食べ評価することなど、できるはずもないからである。

しかし、農業の専門家の絶望的な予測や、新聞やテレビのセンセーショナルな大見出しにもかかわらず、バナナはスーパーの棚から長期間消えたわけではなかった。愛されたグロスミッチェルによく似た別のバナナの姿をして、希望が戻ってきた。現在の人気品種、キャベンディッシュである。この品種はどうやらパナマ病への抵抗力があるらしく、バナナ産業と消費者双方にとっての新たな代替品となった。世界中のプランテーションが数年で事業を再開し、収穫高を大きく伸ばした。バナナ産業は少なくとも表面上は、救われたかのように見えた。キャベンディッシュはグロスミッチェルよりもずっと強い品種として歓迎され、消費者は二度とバナナ不足は起こるまいと確信した。

実際は、キャベンディッシュが成功を収めたのは、健康で丈夫だからではなかった。キャベンディッシュもグロスミッチェル同様、パナマ病に感染しやすい。キャベンディッシュに病気への「抵抗力」があるように見えたのは、その周囲で人間がさまざまな方策を立てていたおかげである。グロスミッチェルの時代には、バナナの栽培地域はほぼひとつに集約されていた。多少の例外はあっても、バナナのほとんどは中米産だった。これでは健康なバナナと病気のバナナが混じり合うことは避けられない。

しかしキャベンディッシュが「新たな」バナナとして歓迎される頃には、貿易と農業のシステムは変わっていた。栽培地域は世界のさまざまな地域に広がった。病気のバナナが混じることを避け、

ピエール・オーギュスト・ルノワール『バナナ畑』（1881年）

病気に対する「免疫をつけさせる」のはもちろん、世界で増大する需要に応えるためである。バナナを迅速に、しかもより近い地域から輸入したいという需要が高まっていたのだ。こうして中米以外の地域にバナナ・プランテーションが続々と開かれるようになった。マレーシアはその好例である。病気のバナナが混在しなければ、病気が広がる機会は減り、病気を制御しやすくなるというわけだ。

だが人間がこれほど用心しているにもかかわらず、パナマ病は姿を変えて世界中のバナナ・プランテーションを襲い続けている。コッペルは「バナナ癌」と呼ばれる新たな型の病気によって、マレーシアといった主要生産地のキャベンディッシュ・バナナが壊滅する可能性を予測している。[23] これはバナナ産業にとってのみならず、バナナの未来にとっても心配なニュースだ。また、パナマ病はたしかに破壊的であるものの、これがバナナにもたらされる唯一の脅威ではないことも心に留めておかねばならない。

世界中のバナナ・プランテーションが、無数の寄生生物や他の病気に定期的に脅かされているのは周知の事実だ。栽培種のバナナはつねに危うい立場にあり、いつ消滅してもおかしくない。生産者や科学者がどれほど懸命になろうと、バナナがかかる病気は次々と生まれてくるように思われる。これは、人間が自然界を操作した悲しい結果だ。ある農産物が商業や栽培において成功すると、そこに消費がかかわってくる限り、かえって絶滅につながることもあるのだ。

◉バナナの語源

「バナナ」という言葉が実際にどこで生まれたかは正確にはわかっておらず、語源については多くの議論がなされている。完全に信頼できる筋の情報ではないにしても、一般に受け入れられているのは、西アフリカのウォロフ語にあるバナンナ（banaana）から来たのだろう、という説だ。サハラ砂漠以南に住むウォロフ族の母語であるウォロフ語は、セネガル、モーリタニア、ガンビアで使われている。16世紀にスペインとポルトガルの船乗りが使っていたウォロフ語が、事業や貿易の場での文化・言語の交流により英語に取り入れられたというのだ。

ほかに、アラビア語のバナアナ（banaana）から生まれたという説もある。これは指を意味する語で、バナアン（banaan）だと指先を意味する。バナナの房は手（ハンド）とも呼ばれるのだから、その実が指と呼ばれるのはつじつまが合う。[24] だが実際はこの第二の説を裏付ける証拠は乏しく、「バナナ」の語源は謎に包まれたままだ。一方、英語の「プランテン」は、スペイン語でこの「野菜」を指すプランタノ（plantano）が語源であることが明確にされている。

第*1*章 ◉ バナナの歴史、伝説、神話

今日のグローバル経済において、バナナとプランテンは最大の食用作物だ。ともにその生産と取り引きは、国際的に見て、ほかのいかなる果物や野菜も足元に及ばない[1]。世界におけるバナナの総生産量は、２００６年に1億１３００万トンに達した。世界の多くの人々に食べられていることを考えても、これは莫大な数字だ。

ハワイ諸島を含むポリネシアやメラネシアではバナナは重要な農産物だが、じつは大部分が地元で消費され、輸出はわずか１７００万トン程度にすぎない。一国として世界最大のバナナ生産国はインドで、２０１２年には1年で２４００万トンを生産している[2]。インドのバナナ生産もおもに国内市場向けで、大部分が国内で消費される。インドに次ぐ生産国は中国とフィリピンで、そのすぐあとにエクアドルとブラジルが続く。他の大生産国は、国内市場においても輸出市場においても、グアテマラ、ウガンダ、インドネシア、ベリーズなどである。最近ではオーストラリアがバナ

トリヴァンドラム（ティルヴァナンタプラム）の市場。インド、ケーララ州。

ナ生産国としての地位を確立すべく奮闘しており、北部のクイーンズランド州のすぐ北の熱帯地域にバナナ・プランテーションが広がっている。(3) オーストラリアのバナナはキャベンディッシュのサブグループで、大量に栽培されてはいるが国際市場向けではなく、おもに国内で消費されている。

◉バナナ栽培の始まり

バナナ貿易の発展について研究しているダン・コッペルは、紀元前5000年の東南アジアの耕作地と果樹園に、バナナの栽培に成功していた痕跡が見られると強く主張している。(4) 古代の歴史的文献によれば、交配したバナナの品種を育てるために多大な努力が払われ、その結果、人間の食用に十分かなうバナナができたようだ。バナナの効率的な栽培は、現在のインド、台湾、中国南部、スリランカ、マレー半島に瞬く間に広まった。

しかし最初のバナナ農園が存在した証拠を実際に見つけるためには、ニューギニア、ワギバレーの中央にあるクック湿地帯まで行かねばならない。長く忘れられていた奥地である。さほど広くはないが豊かな草原があり、湿度が高くバナナの生育には理想的だ[5]。この場所で発見された考古学的資料が、6900年前にバナナ栽培が行なわれていたことを裏付けている。古代の土の細菌を調査したところ、湿地帯の農地跡でいくつかのサブグループが生育していたことがわかったのだ。

発見された植物化石には交雑の跡が見られた——意図的な植えつけがされ、バナナが作物として栽培されていたことがうかがえる。これにより、古代のクック湿地帯が世界最古の農地のひとつであるばかりか、さらに厳密には、私たちにはおなじみの食用バナナの生誕地であり、世界的なバナナ取り引きと輸送の発祥の地だと言うことができる[6]。

クック湿地帯で栽培されていたバナナはさまざまな探検や交易によって広まり、フィリピン諸島沿岸に到達したと言われている。フィリピン諸島からアジアの他地域へのバナナの旅は追跡が難しい。植物学と文化史の研究者たちは、バナナがアジアのいくつかの場所に別々の航海でもたらされたと推測してきたが、バナナがこれらの地域すべてで同じように熱心に栽培されたわけではない。バナナが食べられていた証拠はアジアのいくつかの地域にみられるが、農園での栽培が実際に定着するまでにはかなり長い時間、場合によっては何世紀もかかった[7]。そうなると、私たちが今日認識しているバナナの品種が実際にどのような地理的発展を遂げたかは、確定するのが困難だ。しかし大まかにいえば、食用の、そしてのちには種なしとなるバナナは、紀元前8000年から紀元前5000年の間に東南アジアと南太平洋で生まれたと断言することはできる。[8]

バナナが南太平洋とフィリピンでよく育ち、瞬く間に広まって熱帯地域全域に普及した証拠は数多く残されている。歴史的資料から、クック湿地帯で栽培品種化され育てられた最初の2000年の間に、インド、マレーシア、インドネシア、果てはオーストラリア北部で栽培が始まった可能性があることがわかっている。時が経つにつれ、バナナが世界の広範な地域で栽培されるようになったのは明らかだ。

物々交換や交易を通して、バナナはアフリカ、特にマダガスカルに、紀元前3000年から紀元後100年の間に定着した。ここでさまざまな試行錯誤の末、ほかにも多くの栽培品種が交配によって誕生し、それが今もアフリカの人々によって食べられている。[9] バナナ栽培は紀元後3世紀にはアフリカ、アジアと南太平洋に広まり普及した。食物史家のアラン・デヴィッドソンによれば、バナナは紀元後200年に中国に伝わり、羊祜《ようこ》［中国の武将］の著作で言及されている。しかしこの植物は、気温の高い南の地域でしか育たなかった。[10]

食べられないバナナから食べられるバナナへの移行は、まさに歴史的驚異であるとともに植物学的驚異でもある。今日食べられているバナナは、千年とは言わないまでも、何百年もの間に入念に行なわれた改良の結果だ。種の数が一番少ない品種が選別され、育てられ、繁栄を許された。したがって、人間の食用としてのバナナの発展は、自然なものではけっしてない。人間の介入がバナナを今日のような果実にしたのだ。

ご存知のとおり、バナナには人間に気に入られるように変化できる柔軟性があった。人間たちはバナナを自分たちに都合のいいように改良し、さらには遺伝的にも工夫を凝らして、つかんだり食べたりしやすい、いかにもバナナといった湾曲した形にした。バナナはより甘く、果肉はやわらかく食べやすくなるように改良された。すべての人々を満足させ、甘いもの辛いもの、さまざまな料理やさまざまな用途に使える理想的な生まれ変わりを見つけるために、変種は注意深く育てられ、栽培された。粗野で扱いにくい食材を、世界のさまざまな場所で徐々に人間の主食へと変えていったのは、農業の達人の努力の賜物である。この驚くべき偉業は神の手を煩わせたわけではない。人間の勤勉と献身によるものなのだ。

◉古代世界のバナナ

バナナが食べ物として、作物として、古代世界でどのように扱われていたかについては資料が乏しい。紀元前1000年頃の古代エジプトのヒエログリフや線刻画《せんこくが》からは、すでにバナナが食べられていたようすがうかがえる。古代エジプト人がバナナの葉、実、若い葉鞘を外傷などの治療に利用し、実をすりつぶして湿布のように擦り傷や皮疹《ひしん》にあてていたという記録もある。(11)

しかし、古代エジプトにおけるバナナの存在は、十分に調査されているとは言い難い。唯一はっきりしているのは、古代エジプトで食べられていたバナナがアビシニア原産だったということだろう。植物史研究家カイル・アル＝ブサイディも、ナイル地域に勢力を広げていたアッシリア文明でバナナが食べられ、早くも紀元前11世紀に中東地域に持ち込まれたと説明している。(12) しかしこういった説を裏付ける十分な資料があるわけではなく、バナナとその消費を指していると思われるあいまいな情報のみを根拠にしている場合も多い。

バナナについての正確な歴史的記述を見つけるには、紀元前4世紀を待たねばならない。アレクサンダー大王がインドに遠征した際、バナナが生えているのを兵士が見つけたという逸話が残っている。大王の東方遠征に随行した学者の文書にバナナに関する記述が現れ始めたのも、この時代のことだ。

ギリシャの哲学者で歴史家のテオプラストスもアレクサンダー軍に随行して極東に旅したひとりだが、植物標本に関する著書『植物誌』に、バナナに関する記述が見られる。(13) インドの植物が当時のギリシャやエジプトの植物とどのように異なるかを簡潔に論じた中に、バナナの話は登場する。この植物や実の名前は具体的に記されてはいない。バンヤンノキのように、古代ギリシャで知られている植物に似た「その他の果物」として記載されているだけだ。

テオプラストスはこの植物の葉は長さ3キュービット［古代に使われた長さの単位］、幅2キュービットで「鳥の羽のようだ」と説明している。(14) さらにテオプラストスはこう続けている。その植物は「樹皮から果実が突き出していて、果汁は驚くほど甘い。ひとつの果実で4人が十分満足できるほどの量がある」[15]。テオプラストスが母国の読者の好奇心と興味を引くために少々空想も交えて形容しているのだとしても、果実の緑や黄色の皮、そしてやわらかな果肉について触れているところを見ると、この謎めいた文章がバナナについて述べたものであることは間違いない。しかしエキゾティックなインドの植物に興味を持ったのは明らかなのに、ギリシャ人はなぜかこの果実を故国に持ち帰らず、バナナは少なくともしばらくの間は旅先での伝説の域を出なかった。

何世紀ものちのローマ時代に、自然哲学者大プリニウスも有名な著書『博物誌』（77年）の中でバナナの重要性を認めた。百科事典のようなこの本に、彼は植物学、動物学、鉱物学、天文学、地質学に関する当時のあらゆる知識を収め、論じている。バナナとインドのつながりについても取り上げ、この果実が教養ある人々に好まれ、「賢者だけがそれを夕食に食べる」と述べているのだ。

18世紀に「分類学の父」リンネは、バナナを分類して目録に掲載する際、プリニウスがこの果物を賢者の食べ物と呼んだことに敬意を表し「賢者の果実」を意味するムサ・サピエントゥム（Musa sapientum）と名づけている。しかし古代ギリシャ人と同じく、ローマ人もバナナを日常の食事に熱心に取り入れようとまではせず、その栄養と汎用性には気づかぬままだった。

フランスの植物学者アルフォンス・ドゥ・カンドールは、1886年の著書『栽培植物の起源 *Origin of Cultivated Plants*』の中で、バナナの同じ属が世界の遠く離れたふたつの場所で生育するなど、まずありえない、事実上不可能なことだと強く主張している。食用バナナは種をまくのではなく、無性生殖でしか繁殖できないからだ。ドゥ・カンドールの意見は今のところ正しいように思われる。それゆえ、バナナがアジアから中東、ヨーロッパへとどのように伝わったかを追跡するには、バナナの「自然な」伝播ではなく、商業のような明らかに人為的な方法に着目しなければならない。実際、アラブあるいはスワヒリとマレーの交易は、インド洋を横切ってアラブ世界へとつながるバナナの初期の分散にきわめて重要な役割を果たした。

歴史的資料によると、この時代、バナナはアラビア半島に盛んに持ち込まれたようだ。紀元前1000年紀にペルシャ湾で消費されたバナナと、東南アジア、特にインダス地域で発見されたバナナとには類似点がある。(16) 当時のバナナの伝播に関する考古学的証拠はまだ乏しく、中東地域への正確なルートは追跡が困難で、いまだに憶測の域を出ない。アラビア半島での栽培を証明する記録は、中世初期以降のものしか見つかっていないのだ。(17) 古代の農業に関する記録には矛盾があり（バナナが紀元前のうちにアラビア半島に広まっていたと主張するものもあれば、紀元後になるまで栽培されていなかったと主張するものもある）、そのこともバナナがどうやって中東に来たのか、明確な答えを得るのを困難にしている。

とはいえ、バナナが早くも紀元前9世紀には現在のイエメンで食べられていたという説は信じてよいだろう。アラブ人がアジアに進出していたからだ。バナナはアフリカと同じくアラビア半島でも人気があったが、欧米への導入は紀元後600年以後のことである。この頃イスラームが拡大し、アラブ商人が交易範囲を広げたことにより、買い求める余裕がある人にとっては、バナナは毎日の食事に欠かせない食べ物となった。[18] 13世紀の初めには、バナナは北アフリカの多くの地域に広がり、ムーア人の支配するスペイン南部にまで伝わっている。[19]

●欧米へ

15世紀にポルトガルの船乗りが、そしてのちには貿易商人が、最初のバナナを西アフリカからカナリア諸島に運んだ。ヨーロッパをルーツとする最初のプランテーションが、ここで生まれたと考えられている。バナナ・プランテーションは今もカナリア諸島に見られ、ヨーロッパ向けに大量のバナナを生産している。ポルトガル人はブラジルにもバナナを定着させ、そこからバナナはカリブ諸島に広まったと信じられている。日々織られる布と同様に、バナナは現地で物々交換される品目のひとつとなった。

カリブ諸島のバナナ生産は、16世紀には植民地のプランテーションと結びついた。1516年にヒスパニオラ島（現在のハイチとドミニカ共和国）に到着したカトリックの宣教師フレイ・トマス・デ・ベルランガは、増加するアフリカ人奴隷向けの安価な食べ物としてバナナを植えたという。[20] バナナは奴隷にとって非常に有効な栄養源であるうえ、主人がたいそう喜んだことには、維持管理と生産にかかる費用も安価だった。カリブのプランテーションという内的宇宙で、バナナの苗とその実をさまざまに利用する方法が考え出された。

当時バナナはさほど積極的に売買されていたわけではないし、少なくとも世界に通用する商品とは認められていなかった。国際的に取り引きするには、バナナの実の価値がまだ十分に理解されていなかったのだ。バナナは一般的に間作《かんさく》用の作物として利用されていた。植民地の島々で人気のあるカカオ、コーヒー、ペパーミントといった作物は直射日光を嫌うが、不運にもカリブの太陽は絶え間なくさんさんと降り注ぎ、しばしば作物の成長にダメージを与える。そういった販売用作物の間にバナナを植えれば、広く生い茂る葉が十分な日陰を作り、カカオなどを保護するのに好都合だったのである。[21] バナナの一番の役割はほかの貴重な作物の成長を助けることにあり、プランテーションの奴隷用食料にするのは二次的な利用にすぎなかった。それでもバナナは――何世紀もとは言わないまでも、何十年間も――安価で育てやすい栄養源として認識され、利用され続けた。

この時代に栽培されたバナナは、実際には今日プランテンと呼ばれているもので、奴隷にとってデンプン質の豊富な栄養源となった。プランテンは非常に消化が良く高カロリーで、つらい肉体労働には欠かせない食物だった。バナナは販売用作物としてではなく、経済を成長させていくために欠かせない基盤として植民地のプランテーション経済の一翼を担った。

フレイ・トマスはバナナ栽培をカリブ諸島に導入しただけでなく、16世紀にバナナをアメリカ大陸に持ち込んだ最初の人物だとも考えられている。パナマ司教に任命されると、トマスはバナナを持参し、本土に広めた。じきにバナナは当地の人々のお気に入りの安価な食料となった。バナナは成長が速く、栄養価の高い実を豊富につけることから、バナナ・プランテーションは中米およびメ

ウィリアム・ベリマン『プランテン農園』（1808～16年）。ジャマイカの風景、水彩、鉛筆、黒インク。

キシコの広い地域に続々と開かれ、果実の人気はそれ以上に広まった。バナナがあまりにも広まったため、「のちの人々はバナナが新世界原産だと信じた」と、食物史家ヴィクトリア・スコット・ジェンキンスは主張している。[22]

◉「贅沢品」から「ありふれた果物」へ

北米大陸に最初に上陸したイギリス人入植者たちは、現在のノースカロライナ州沖合にあるロアノーク島にバナナを持ち込んだと言われている。経由したカリブ諸島で集めたバナナである。入植者たちは果物のプランテーションを立ち上げ、その事業でひと儲けしようと考えていたのだ。しかしバナナは島の天候に合わなかった。熱帯気候でないと成長できないからである。19世紀初頭にもバナナを北米本土で栽培する試みがなされた。現在のカリフォルニアやフロリダといった比較的温暖な地域に限定して行なわれたが、やはり失敗に終わったという。[23] 一方、有名なキャプテン・クックが1799年に訪れたハワイ諸島では、すでにバナナが栽培されていた。

19世紀以前にはバナナはヨーロッパ同様アメリカでもまだめずらしく、アメリカ人の大多数はバナナを食べたことも見たこともなかった。[24] もちろん、バナナが欧米でまったく売られていなかったという意味ではない。当時バナナは、富裕層が特別な店で買う贅沢品だったのだ。1873年、ジュール・ヴェルヌが人気小説『八十日間世界一周』にバナナを登場させ、「パンと同じくらい体

カメルーンのバナナ運搬人（1912年）

によく、クリームと同じくらい汁気が多い」と形容したところ、バナナへの関心はにわかに高まった[25]。しかし文学で取り上げられても、大衆的な人気を得るまでには至らなかったようだ。腐りやすいバナナは、しっかりとした物流の体制がないと販売が難しかったのである。

しかし19世紀末になると、新たな輸送技術の進歩によりバナナの運命はがらりと変わった。入手しやすくなったことで、バナナの人気が欧米で高まったのだ。アメリカでは蒸気船による食品輸送が始まり、ほどなくしてバナナは庶民の食べ物となる。しかし輸送と入手しやすさに本当に革新的な進歩をもたらしたのは、当然のことながら鉄道だった。このきわめて実用的な移動手段により、輸送は簡単かつ短時間になり、バナナはアメリカのどこでも手に入るようになった[26]。鉄道の発明に船舶の高速化や冷蔵技術の改良が加わり、バナナはエキゾティックで手の届かない贅沢品から日常的な食べ物へと変わったのである。現在、中米とカリブ諸島からアメリカへのバナナ輸入は、1600万房以上にのぼっている。

1876年の時点で、アメリカ西海岸でのバナナ1本の値段は10セントだった。牛乳1・5リットルと同じ価格だ。かつては富裕層にしか手が届かなかった熱帯の食べ物にとって、これはじつに革命的なステップだった。1880年代末になると、黄色いものから赤いものまで、さまざまな品種のバナナがニューヨーク、ボストン、フィラデルフィアといった大都市の市場でたやすく手に入るようになった。(27)

20世紀に入る頃には、バナナは国中どこの市場でもありふれた存在になった。とはいえ価格は多様で、さらに西海岸へ運ばれると高値になる場合が多かった。1905年にチャールズ・Q・C・レイは革新的な輸送用容器の特許を取り、レイ・バナナケース・カンパニーを設立した。商品は、バナナの果房に合わせベニヤ板の薄板を渡して作った木枠の箱である。オーダーメイド品だったにもかかわらず、これらの木箱は場所をとり、1930年代に新たな果物容器の特許品が出回ると、レイのバナナ容器は売り上げが減少し始めた。(28)レイのバナナ容器がバナナを運ぶための箱というよりは中世の拷問器具にどこか似ていたこともマイナスに働いたのかもしれない。

大西洋の反対側でも状況は同じだった。鉄道や汽船を使った冷蔵輸送により、バナナはヨーロッパの市場でも見慣れた果物になった。バナナのおもな消費国として先頭に立ったのはイギリスとドイツである。1900年代末には200万房を超えるバナナがドイツに輸入されたと言われる。

レイ・バナナケース・カンパニーの輸送用容器（1910年頃）

バナナを売るニューヨークの露店商人。1906年。

1940年代末に冷蔵トラックが食料輸送産業に導入されると、バナナはますます今日のような「ありふれた果物」になっていった。[29]

1920年代に欧米でバナナ人気が高まると、健康なライフスタイルを維持するには果物が必要だと納得させるべく、猛烈な宣伝が果物会社によって展開された。特に標的となったのは子供たちと運動選手で、バナナに含まれる糖とビタミンが不可欠だと力説された。言わんとするところは明確である。健全な食生活を送りたいならバナナをたくさん食べろ、1日1本が望ましい、というものだ。健康への意識の高い中流および上流階級の人々の間で、すぐさまバナナを食べることが習慣になり、バナナ人気は果物会

ファイフスのバナナ料理書の表紙。イギリス、1900年頃。

社の利益と同様に上昇し続けた。バナナは多くの細菌やバクテリアを寄せつけないと宣伝され、おおむねそのとおりだと受け取められた。

バナナは一年中手に入る「安全な食べ物」として医療にも取り入れられ、多くの疾病《しっぺい》に効果のある衛生的な食品として販売された。1930年代には、アメリカやヨーロッパの医師はバナナを下痢、大腸炎、栄養不良、はては結核の治療にまで処方した。[30] 1931年、米国医師会はバナナは国民の食事に欠かせないとまで宣言している。バナナに医学的効能があるという科学的根拠はほとんどない。実際、結核のような命にかかわる病気が本当にバナナで治ったり、あるいは症状が緩和されると考えるなんて、ばかげているだろう。

ただし、バナナにビタミンやミネラルのような体によい栄養素が豊富に含まれているのは確かだ。バナナが病気の治療や養生に大いに役立つと大衆が信じたことはまったく見当違いだったとは言えない。

◉神話――「善悪の知識の木」バナナ説

神々が登場し、自らの存在を人間に知らしめる神話や伝説に、バナナはよくモチーフとして登場する。地上の事物がどのように作られ、それらが人間の暮らしにどのような影響を与えたかを伝える神話には、バナナと結びつけて語られるものも多い。そうした物語は、アフリカから中東、アジアに至るまで、世界中の神話に見られる。また、超常現象や神の物語に重点が置かれている場合が多い。

たとえばインドネシア中部のポソには「石とバナナ」の話がある。造物主《ぞうぶつしゅ》が最初の人類にどのように物や知識を与えたかという話で、造物主はさまざまなものをロープにつけて天界から地上におろす(31)。ある日、人間に不死の命を与えてやろうと思った造物主は石をおろしたのだが、役に立たないと考えた人間たちは、愚かにも受け取りを拒否した。驚いた造物主が今度はバナナをおろすと、人々はすぐに食べようと駆け寄った。これを見た造物主は人間の愚かさを叱り、堅実性の象徴である石を受け入れていたら永遠の命を得ることができたのに、バナナを受け取ったためにつらい仕事、苦難、死ぬ運命を選ぶことになったのだと説明した。こうして世界に「死」がもたらされたという。

インドネシアのバナナと石の神話と、アダムとエバの失楽園の話は、じつによく似ている。どちらの物語も、人間が果物を食べることで神の権威と贈り物を否定する内容だ。しかし、ユダヤ・キリスト教やイスラームのアダムとエバの話では、生死にかかわる選択にからむ果物がリンゴなのだから、両者が似ているかどうかは何とも言えないという向きもあるだろう。そういった人たちは、エバがもいだのはバナナのような果実だったという説があることを知れば、驚きこそすれ納得するかもしれない。

神話によれば、神はアダムとエバに豊かな実りある庭園を贈り、目についたものはなんでも自由に食べてよいと許可した。この贈り物には唯一条件があった。「善悪の知識の木」の実だけは食べてはならない、と言われたのである。そしてその実を食べたら必ず死んでしまう、と警告された。問題の実は一般的にリンゴだと考えられているが、これがじつは原典をラテン語に訳す際の誤訳から生じたのではないかと主張する学者が、最近になって出てきた。ヘブライ語やギリシャ語で書かれた古代の聖書のテクストは、けっして「知識の実」を具体的にリンゴだとは特定していないのである。[32]

歴史資料によれば、この一般的な概念は、より広い読者に聖書を読んでもらえるよう、聖ヒエロニムスがラテン語訳聖書を作った紀元後400年頃に現れたようだ。ヒエロニムスのラテン語訳聖書はのちの1455年、ヨハネス・グーテンベルクが印刷聖書を作る際に底本として採用したので、後世への影響力は絶大だった。一方、ヒエロニムスが使用したラテン語は、英語など他の多くの言語と同様に、多くの同音異義語、ときには正反対の意味を示す語があることで知られている。ヒエロニムスは「悪」を指す古代ヘブライ語を訳す際、ラテン語の malum を選んだ。これは「悪意ある」という意味に近いらしい。[33] しかし古代ギリシャ語で果物を指す言葉から派生した語も malum なので、「リンゴ」と訳すこともできる。

ルネサンス初期の画家たちは作品を描く際、ラテン語訳聖書にある malum をなんの疑問も抱かず「リンゴ」と誤解し、その結果、エデンの園でエバがもぐ実をリンゴとして描くようになったのだろう。問題の実がリンゴかどうかは何世紀にもわたり議論されてきた歴史があり、知識の木の実は実際にはバナナだと主張する学者も多い。

ジョルジョ・デ・キリコ『詩人の不安』(1913年)

リンネはこの異なる解釈を固く信じていたといわれる。何よりの証拠に、彼はバナナの学名にムサ（*Musa*）という語をつけた。ムサ（musa）はバナナを意味するアラビア語のモウズ（mauz）からきている。クルアーン（コーラン）のエデンの園にバナナが登場することを考えれば、この名称には説得力がある。[34]クルアーンでは禁断の木はtalhと呼ばれ、古代アラビア語で一般的に「楽園の木」と訳される。もっと具体的に「バナナの木」と訳されることもある。クルアーンは知識の木を「長く伸びた葉の陰に、上下に積み重なるように実がなっている……季節を問わない」と形容している。クルアーンのこの描写は、バナナとその果実の外観によく似ている。

エデンの園と知識の木の実に関するムスリムとキリスト教徒の解釈には、当然共通点がある。そしてたとえ解釈が異なる方向に進んだとしても、当時の聖書やクルアーンの作者が見慣れていたであろう植物がテクストに盛り込まれている可能性を考えなければならない。禁断の果実を描写するのに、バナナはるかにふさわしい選択だ。中東に住む人々は、バナナとそのエキゾティックで「楽園のような」特性に親しんでいたからである。[35]もちろん、エデンの神話に登場する果実が間違いなくバナナだと断言しようとしているわけではない。しかし、もしこの説に多少とも説得力があるとするならば、バナナが重要な役割を果たすエデンの園の物語について考えてみるのも一興だろう。

ほかのいくつかの神話、特に超自然的なことがらをテーマにした物語にはバナナがよく登場し、必ずと言っていいほど、精霊や幽霊や神々が関係する教訓話となっている。

タイでは「バナナの貴婦人」と呼ばれる自然霊が、小さなバナナの木の中に住んでいると言われる。[36]精霊は理由なく木から離れることを嫌う。もし無理やり木から離されると怒り、元凶となったうっかり者の人間に復讐する。精霊は魔法を使って人間を怖がらせ、寄せつけないようにするが、本当に傷つけるようなまねはしない。特に旅の修行僧には好意的で、贈り物をすることもある。「バナナの貴婦人」の魔力は、バナナが甘い香りの花をつけて輝いているときに最大になるという。このときバナナは人類の滅亡や自然界の混乱に対し諭《さと》すような警告をするらしい。バナナの精霊は警告を尊重しない者を罰する。タイの料理や文化におけるバナナの重要性を考えれば、バナナがそのような役割を果たすのは当然のことだろう。

◉伝説と民間伝承

ハワイには、人間と神々の交流をテーマにした有名な「不思議なバナナの皮」の伝説がある。物語の主人公クカリは、ポリネシアで盛んに移住が行なわれていた数百年前、ハワイの島で暮らしていた。クカリは多くの奇妙な島々を訪ね、多くの偉大な功績をあげたことで知られる。彼が栄光と冒険に満ちた生涯を送ることができたのは、バナナの皮の力のおかげだ。[37]

神官だったクカリの父は息子に魔法のバナナを授け、実を食べたら皮を残しておくようにと言い添えた。クカリはバナナを携え、冒険に出かける。空腹になりバナナを食べると、不思議なことに皮の中はふたたび果肉で満たされるのだった。クカリはバナナの皮をなくしたり捨てたりしないよう注意しながら、すばらしい発見を求めて、バナナとともにはるかな土地へと旅した。

ある晩、いつもどおりバナナを食べ、深く寝入ったクカリは、巨大な神鳥ハルルにさらわれた。鳥はクカリを巣に運び、貪《むさぼ》り食おうと考えたのである。クカリが目を覚ますと、周囲にはじきにハルルのごちそうとなる、やはりさらわれてきた船乗りたちがいた。クカリは囚われの者たちに永遠になくならないバナナを食べさせ、元気を取り戻させた。また、武器の作り方と、神鳥の羽をどのように攻撃したら逃げ出せるかを教えた。

ハルルがごちそうを期待しながら巣に戻ってくると、クカリと捕虜たちは戦いを仕掛け、ハルルの翼をばらばらにした。神鳥を殺したあと、ハルルの妹女神ナマカエハと神官たちの支配する土地をクカリが征服したところで物語は終わる。その間ずっと、クカリの体力を回復させてくれたのは魔法のバナナだった。数々の戦いを終えて家に戻ったクカリは故郷の女首長と結婚し、ハワイの土地を支配する権力を与えられた。

バナナの不思議な特性が、ハワイの食事に欠かせない食べ物という役割を寓話的に表現していることが、ここに見て取れる。成長し生い茂って人々に栄養を与え支える、という役割だ。クカリと魔法のバナナの皮の物語から、ハワイにおいて昔からバナナが重要な文化的存在であったこと、人間の創意工夫と勇敢さを反映するものであったこと、さらにはこの地域の社会・政治・経済機構の中心的存在であったことがわかる。

さまざまな想像力を駆使した象徴的な物語を見てみると、バナナが大きくかかわっている民間伝承にはいくつかの代表的なパターンがある。こういった物語には寓意に満ちたものが多い。擬人化されたキャラクターが精霊や神に対立するものとして登場し、ある日常の事柄の由来を、彼らの行動と関係づけて説明するというパターンだ。

有名な例として、フィリピンに伝わる「サルとカメ」の物語がある。あるとき、サルとカメがバナナの木を見つけ、平等に分けようということになった。自分は賢くて抜かりがないとうぬぼれているサルはバナナの上半分、つまり葉の茂っている部分を欲しがった。一方のカメには根の部分が残された。木をまっぷたつにし、動物たちはそれぞれ自分の分け前を地面に植える。しかし収穫期になると、バナナがなったのはカメの木だけで、サルの木はしおれ、枯れてしまった。カメは木のてっぺんにのぼることができないので、サルに実をもぐのを手伝ってくれと頼んだ。サルは承知したが、約束どおり実をもぐ代わりに熟したバナナを全部食べてしまい、緑色の未熟なバナナを地面に投げてカメをあざけった。だまされたことに激怒したカメが鋭い竹の破片をバナナの木の下に仕掛けると、おりてきたサルはそれに刺さって死んでしまう[38]。

この冒頭部分だけでも十分むごたらしい話と思われるかもしれないが、結末はもっと恐ろしい。敵が間違いなく死んだことを確かめると、カメはサルの体を小さく切りきざんで塩に漬け、天日にあてて干し肉にする。それを近くの山に住むサルたちに、おいしい肉だと言って売りつけるのだ。サルたちは肉を貪り食い、おかわりを求める。それを見たカメは笑い、サルたちが共食いをしたと言ってあざけった。物語にはいくとおりもの結末があるのだが、共通しているのは、サルはさまざまな戦略を立てて復讐しようとするが、最後には必ずカメがサルを出し抜いて終わるのである[39]。
欧米人の感覚から言えば少々陰惨な話だが、フィリピンの民間伝承では、なぜサルが肉を食べずバナナを好むかを説明するのによく利用される。バナナは安全の象徴であるとともに、大切に世話をするべき重要な作物なのである。フィリピンの料理にバナナがよく使われるのは、簡単に食べられるという以上にそういった理由があるためだ。

インドネシアでは多くの民間伝承に、バナナや他の果物とかかわる寓意的な動物が登場する。有名な例がカンチルの物語だ。インドネシアの民間伝承では人気のトリックスター［神話や物語に登場するいたずら者］で、ネズミにもシカにも似ている。カンチルは自分の目的のためによくバナナを利用するが、その冒険談のひとつ、「聖なるバナナの葉」という話では、カンチルが穴にはまってしまう。利用できるのはバナナの葉だけだ。彼は抜け目なく予言をでっちあげる。そのバナナの葉は「聖なる葉」で、世界の終わりに何があっても彼を守ってくれるというのだ。カンチルは悲惨な結果を恐れる純朴な動物たちを葉を使ってだまし、まんまと穴から助け出させたうえ、命令に従わせた。

この物語からは神秘的ともいうべきバナナに対する畏敬の念と、東南アジアで身近に使われてきた食材に対する愛情がうかがえる。バナナがこの地域の物語で重要な役割を果たしていることもよくわかる。ネイサン・クマール・スコットがこの昔話を再話した絵入り版『聖なるバナナの葉 *The Sacred Banana Leaf*』（2008年）を読めば、インドネシアにおけるバナナの霊的重要性ははっきりと理解できる。[40]

地球の反対側でも、さまざまなバナナが何世紀にもわたり栽培されてきた地域には、バナナの登場する民話が数えきれないほどある。カリブ諸島の創造物語には、バナナのからむ茶目っ気たっぷりでほがらかな話が多い。たとえばバハマ諸島の民話では、人気のキャラクター「ウサギ」が、「熟したバナナの果房を丸ごと」自力で手に入れようとする。バナナはつねにその土地ならではの創意工夫の精神を象徴しているのだ。[41]

ジャマイカで人気のある民間伝承は「タール・バナナの木」の物語だ。ある金持ちが所有するバナナ・プランテーションに、毎晩泥棒が忍び込んではバナナを盗んでいく。盗みがやむ気配がないので、怒った農園主は（物語の中では「ボス」と呼ばれている）忠実な下男ブレア・アナンシ（ジャマイカで人気のあるトリックスター。悪賢いクモとして描かれることが多い）に泥棒を捕まえさせることにした。農園主は気づいていなかったが、じつはアナンシがバナナ泥棒だったので、犯人が捕まるはずもない。業を煮やした「ボス」は自らことにあたろうと決意し、すべてのバナナの木にタールを塗って、神出鬼没の泥棒をとらえようとする。

その夜、アナンシがみごとなバナナの果房を盗もうとすると、手が木にくっつき、逃げられなくなった。あわてふためいたアナンシは、通りかかったまぬけなブレア・ナニー・ゴートに助けを求める。押したり引いたりの大騒ぎの末、今度はブレア・ナニー・ゴートが木にくっついてしまい、一方のアナンシは逃れることができた。自由になったアナンシはブレア・ナニー・ゴートを縛り上

ハンス・ルーシェン『サルとバナナ』(1923年)

げ、彼がバナナ泥棒だと訴えた。農園主に尋問されたブレア・ナニー・ゴートは動転してしまい、真犯人はブレア・アナンシだと訴えることができない。「ブレア、ブレ、ブレ」と繰り返すのがやっとだった。そういうわけで、ヤギとヒツジは言葉を話せず「ブレア、ブレ、ブレ」としか言えないのだ[42]。

このジャマイカの物語でも、日常の出来事の起源を説明する物語の中で、バナナが中心的な役割を果たしている。民間伝承においてバナナがこのような重要な位置づけにあるのは驚くことではない。他の地域と同様に、何世紀もの間、バナナはカリブ諸島の余暇と仕事、両方の中心にあったからだ。

第2章 ◉ バナナを味わう

欧米では19世紀まで、バナナといえばおもに生のままおやつとして食べたり、デザートに添えて出したりするものだった。[1] これはもちろん甘いバナナの食べ方であって、今でもこのタイプのバナナはそうやって食べることが多い。しかし1900年頃には、バナナはさまざまな調理法や凝った創作料理に使われるようになった。バナナフリッターやバナナアイスクリームは当時調理され工夫されたバナナ料理である。肉のつけ合わせにバナナが出されることもあった。こういった実験的な試みが目新しく思われたのは、西洋料理に限ってのことだ。アジアでは何世紀も前からバナナが料理に使われていたのである。

バナナ料理の小冊子（1939年）

◉バナナプディング

今ではアメリカをはじめとするさまざまな地域で、バナナクリーム、カスタード、アイスクリーム、プディングは――そしてシンプルこのうえないバナナチップスでさえも――一般的な人気料理となっている。ラルース料理大事典によると、「バナナは調理すると香りがきわだつ」。特に「砂糖、バター、アルコール」との相性がよいらしい(2)。

バナナプディングはアメリカ南部でとりわけ好まれる。19世紀末にはイギリスのトライフルより人気が高まり、南部では料理書に必ずといっていいほどこのレシピが登場するようになった。1902年に出版されたサラ・タイソン・ローラーによる『ローラー夫人の新しい料理書 *Mrs Rorer's New Cook Book*』には、ベイクドバナナやバナナケーキといった他のバナナのレシピとともにバナナプディングのレシピが掲載されている。

著者がバナナプディングを「ハワイのレシピ」に分類しているのは注目に値する。しかし1903年にメアリー・ハリス・フレーザーが『ケンタッキー・レシピブック *The Kentucky Receipt Book*』でバナナプディングのレシピを発表すると、この料理は正々堂々と「アメリカの」デザートとして認められることになった。

バナナケース。20世紀に考案された容器。バナナを持ち運ぶ際、バナナが傷まずにすむ。

◉朝食

同じ頃、米英、そして南アフリカではバナナを朝食に食べることが流行し、図ったかのように、大手シリアル会社がバナナはシリアルにとてもよく合うと宣伝し始めた。バナナと朝食シリアルを一緒に食べれば楽しいし体にもよいことから、1950年代と60年代にふたたび宣伝キャンペーンが行なわれた。この組み合わせは今も好まれており、バナナは朝食シリアルの理想的なトッピングだとして、ケロッグをはじめとするブランドがメリットを強調し続けている。

バナナ飲料も宣伝され、特にコーヒーをベースとした温かい飲料に代わるものとして、多くの製品が売り出された。たとえばバナン・ニュートロのような飲料が20世紀初頭に大人気となったのは、バナナが瞬く間に欧米の食習慣と嗜好に根づいた

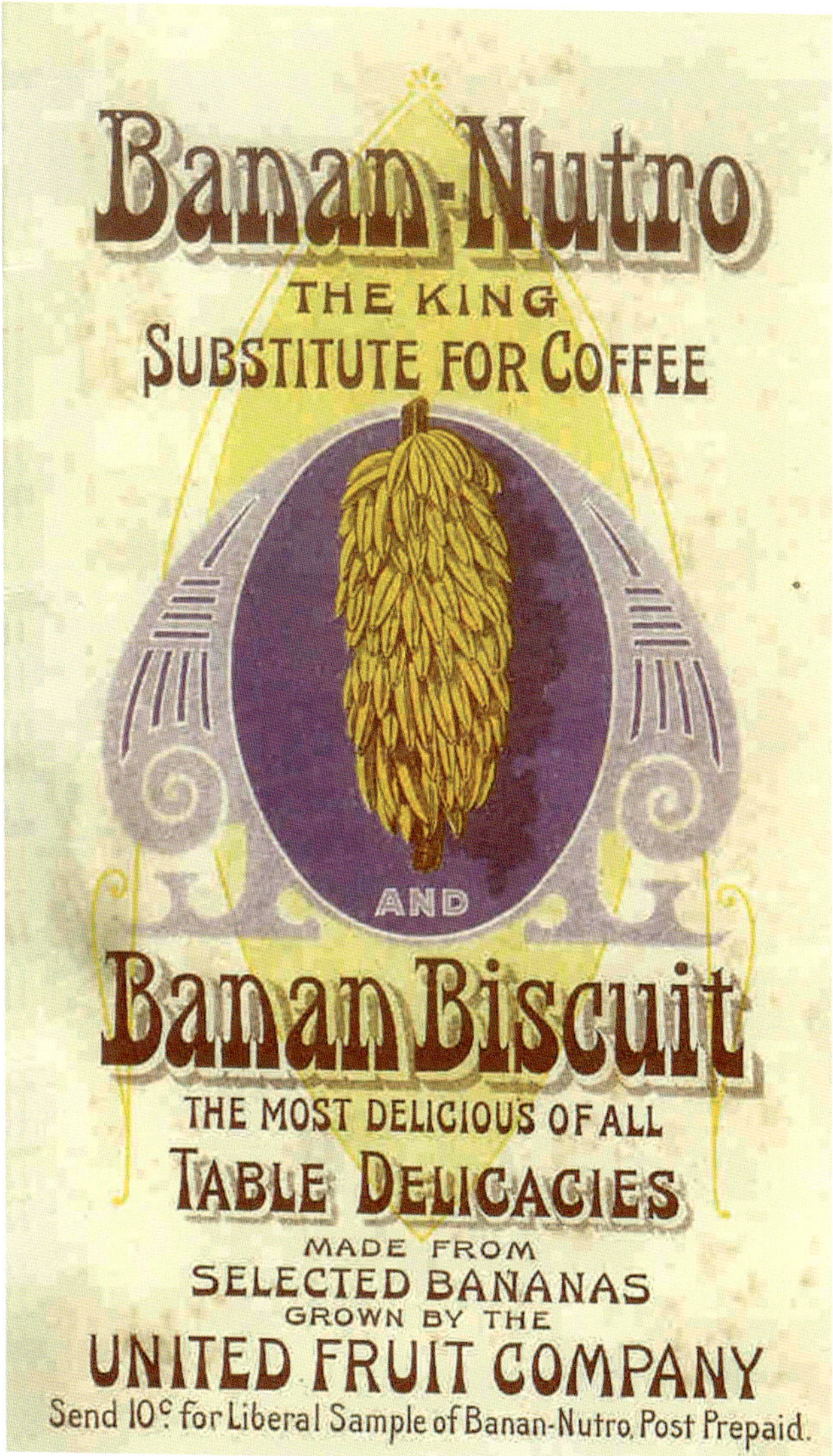

コーヒー代用品として飲まれた「バナン・ニュートロ」の宣伝カード（1910年）

ニュートリ・バナンの缶（20世紀初頭）

証《あかし》である。

◉甘いごちそう

欧米の国々では、バナナ料理といえばデザートやスイーツがほとんどだ。アメリカやイギリスでも、バナナはおもにパン、ケーキ、マフィンなどに使われる。お楽しみの甘いごちそうとして、バナナをホイルに包んでバーベキューで焼くこともある（これは「バナナボート」と呼ばれる）。バナナにブランデーをかけてから火をつけて香りづけしたり、グラタン風にしたり、スフレ［泡立てた卵白を使ったふわふわした料理］にしたり、ベーコンに添えて朝食に出したりするのもよく知られている。[3]

1970年代末には、シカゴのA・J・カンフィールド・カンパニーがアンナ・バナナソーダを製造した。妙に人工的な香りのする炭酸飲料だ。これは消費者に受けなかった。味わいがあまりに風変わりでまずかったのだ。カスタードやプディングと相性のいいものは、炭酸飲料には合わないのかもしれない。カンフィールド社は早々に製造を中止せざるをえず、未開封のソーダの木箱が会社の倉庫に山積みになった。

スイーツやキャンディにバナナの形が取り入れられることも多い。よく知られているのが「フォーム・バナナ」で、何十年もの間、子供にも大人にも人気の菓子だ。だがこういったバナナの菓子は

フォーム・バナナ

人工的なバナナ香料を使っているようで、バナナの自然な味わいや香りではなく、実験室で作り出された化学的なバナナ、といった印象を受ける。高い糖分（バナナが原材料名に含まれていないのは明確だ）が、たぶんこの味わいの原因だろう。人気の「バナナ」アイスキャンデーにも同じことが言える。

◉アジアのバナナ料理

バナナ（プランテンを使用する場合が多いが）料理は世界中に数多く見られる。南インドや、マレーシアやインドネシアといった東南アジアで、さらにはカリブ諸島のほとんどの地域で、デンプン質の多いプランテンは食材として多くの料理

フランスで販売されているヴェドレンヌ社のシロップ。グリーンバナナとイエローバナナ、両方の香りがある。

に使われている。[4] タイのように、バナナの葉に米や魚を包んで蒸す地域もある。熱帯地方ではデンプン質のバナナは主食にされ、朝食から夕食まで、さまざまな毎日の料理に主材料として使われる。ウガンダとタンザニアでは、東アフリカ高地系プランテンをすりつぶしたり叩いたりして粉にして調理するのが普通だ。[5] もっともよく食べられる料理はマトケだろう。南ウガンダではマトゥーケ、あるいはエビトゥーキェとも呼ばれる。蒸してすりつぶしたグリーン・プランテンで作る伝統的な料理だ。マトケはウガンダの主食で、肉や燻製の魚を添えることも多く、グリーンバナナの葉を器にして供される。

インドでは、バナナは辛い料理にも甘い料理にもさまざまに使われる。特にカレーにはバナナがよく使われ、相性がいい。こういった名物料理の多くは、実際には「生バナナ」と呼ばれるものを必要とする。新米料理人はこの聞きなれない言葉に不安を覚えるかもしれないが、なんのことはない、これはプランテンの別名だ。

たとえばヴァズハッカイ・カレーは南インドの名物料理だが、生バナナとココナツオイル、カレーリーフ、そしてターメリック、コリアンダー・シード、ウラド豆といった乾燥材料で、スパイシーなベジタリアン料理ができあがる。南インド（ドラヴィダ系ヒンドゥー教徒のテルグ料理が一般的な、特にアンドラ地方）でもうひとつ有名な生バナナ料理といえば、アラーティカヤ・ポディ・クーラだろう。これはあぶった生バナナにショウガやクミンシードの香りを加えたカレーだ。

一方、インド北部では生バナナをベースにした料理にもっと甘い風味がしっかりついている。生

鶏肉を添えたマトケ

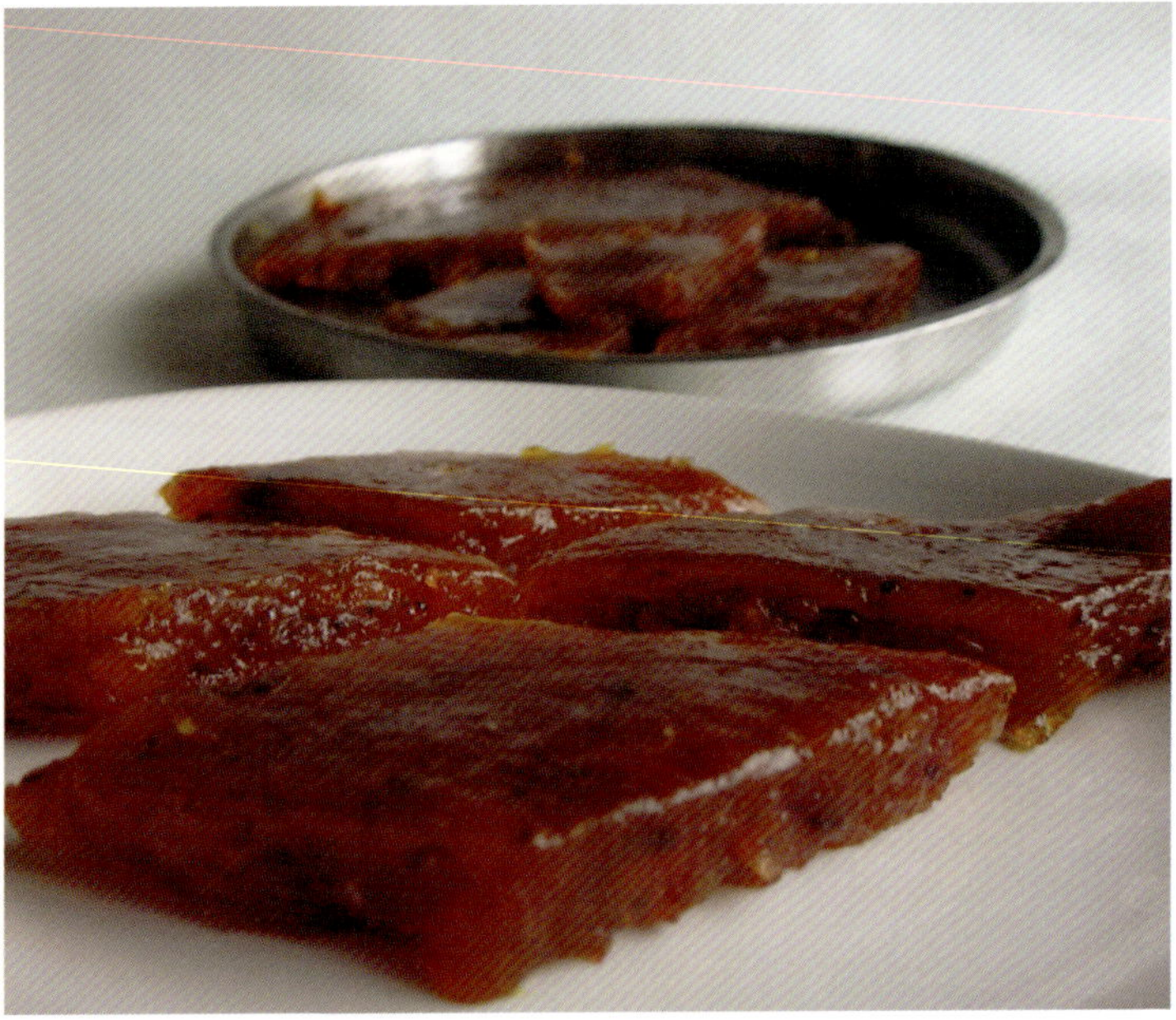

バナナのハルヴァ。南インド。

バナナのコフタといったこの地方のカレーには、シナモン、パニール、カシューといった食材が加えられることが多く、インド北部のカレーならではのクリーミーな質感と香りだ。
　インドの生バナナカレーのレシピは数多く、多様である。しかし違いはあれど、こういった料理はすべて、バナナ、あるいはプランテンが伝統的なインド料理の中心にあって、この国の文化史に重要な役割を果たしてきた証なのだ。インド料理におけるバナナの重要性は、つけ合わせや甘い料理に活用されている点にも見て取れる。その一例がタレラ・ケラだ。プランテンではなく、黄色いバナナで作った硬い「チップス」である。バナナを薄く切ってギー［バターオイルの一種］で軽く揚げ、カレー料理の付け合わせにするか、または単独でスナックとして出す。甘い料理にも、バナナをベースにしたレシピが豊富にある。有名な菓子はハルヴァだ。マンガロール［インド南西部の港町］で生まれたごちそうで、熟した黄色いバナナに砂糖とレモンジュースを加えて作る。結婚式のような祝いの席に出されることが多い。

しかし、甘いバナナとプランテン両方の多用途性をフルに生かしている国はインドだけではない。タイ、インドネシア、マレーシアといった国々にも数えきれないほどのバナナ料理があり、さすがに東南アジアはバナナの原産地だけのことはあると思わせる。

インドネシアでは、一種のバナナフリッターで人気のあるジュンプト・ジュンプトや、プラムシュガーソースとグリーンプランテンで作るピサン・バカル・サウス・キンカを食べることができる。マレーシアにはゴレン・ピサン（不思議なことにインドネシアではピサン・ゴレンと呼ばれる）という揚げたバナナ料理があり、よくファストフードとして露店で売られている。バナナに米粉とココナツをまぶしたもので、外側がかりっとするまで揚げてあることが多い。

同様の料理がタイでもクルアイ・トートという名で出される。タイもバナナの長所を料理に生かしてきた国のひとつで、特に魚その他の食材をバナナの葉にくるむ調理法に活用してきた。バナナの葉は中の食材がこげるのを防ぐだけでなく、食材に繊細でほのかな香りをつける。この種の料理で人気なのが、ラオスや中国でも知られているカオ・トムだ。バナナの葉でくるんだココナツ風味のちまきである。タイ料理にもバナナを主材料とした甘いレシピがいくつかある。そのひとつ、カ

バナナフリッター。マレー語でゴレン・ピサンとも呼ばれる。

ガーナ風の揚げプランテン

オ・トム・マットは甘いバナナが入ったちまきだ。

●中南米／アフリカのバナナ料理

中南米やカリブ諸島でも、バナナとプランテンは地元料理において重要な役割を果たしている。こういった地域は昔からバナナの栽培や売買と関係が深く、その関係が今も進行中であることを考えれば当然のことだ。

プエルトリコではヴィアンダス・コン・バカラオを味わうことができる。プランテンと熱帯の根菜と塩漬けタラの料理だ。エクアドルで人気があるのはマドゥロス・アサドスだ。熟したプランテンの料理で、ロースト、あるいはグリルされる。キューバではフフを試すことができる。ベーコン、タマネギ、熟したプランテンを使った一種の詰め物料理だ。アルゼンチンとウルグアイの人々はブヌエロス・デ・バナナを非常に好む。伝統的な甘い練り粉で作ったバナナフリッターだ。

カリブ諸島ではプランテンは食材として多様に使われ、熟れ具合に応じて調理される。塩を振って揚げる場合もあれば（おかずも菓子もある）、カレーに入れる場合もある。バナナは世界のさまざまな地域に順応し、食材として根づき、地理的にも人類学的にも文化と人々を結びつけたと言っていいだろう。おなじみの果実の料理法に共通点が見られるのはそのためだ。

バナナとプランテンは、まだ緑色で硬いうちに乾燥させて粉にすることができる。これは西アフリカやジャマイカの料理によく利用される食材だ。グリーンバナナはデンプン含有量が非常に高いため、バナナ粉はバナナとはかなり異なる味わいになる。バナナ粉は土っぽい芳醇な香りがして、もとは果物であったのに、むしろ小麦粉製品を思わせる。実際、バナナ粉は経済的だ。同じ重さのパンを作るのに、一般の小麦を主体とした粉に比べて25パーセント少ない量で済む。バナナが昔から「貧乏人の食べ物」とされてきたのは、この特質のためだ。バナナはプランテーション経済における社会の下層階級の人々の食べ物として好まれた。豊富に育ち、コストも最低限で済むからだ。

西アフリカでバナナがよく利用されてきたのも、もちろん同じ理由による。西アフリカでは何世紀もの間、バナナは大家族にとって安価で重要な食材だった。バナナ粉にはグルテンがまったく含まれない。そのため、グルテン含有食物をとれないセリアック病「グルテンを摂取することによって起こる自己免疫疾患」患者用の食材として欧米で人気がある。バナナ粉のブランドであるウェドゥは、「健康的なグルテン・フリー食品」と銘打って、「旧石器時代のような」食事を追求したり「穢れなきライフスタイル」を願ったりする一部の消費者の注目を集め、バナナ粉の販売を推進しようと考えている。

◉バナナスプリット

バナナスプリットは、おそらくもっとも有名なバナナの調理法のひとつだろう。このメニューは

バナナスプリット。昔ながらのホイップクリームときざんだナッツに、最近のはやりでチョコレートソースがトッピングされている。

1950年代アメリカのアイスクリームパーラーを思い起こさせ、非常に象徴的だ。そのイメージが、長年にわたり大衆文化のさまざまなエピソードによって作り上げられたものであることは間違いない。ゆえに、バナナスプリットが国民的かつ文化的な意味合いからバナナの非常に重要な進化形と考えられるのも当然だ。

バナナスプリットはアイスクリームを主材料にしたデザートで、ガラス製の「ボート」と呼ばれる長い皿で出されるのが一番おなじみの姿だろう。このデザートにはさまざまなバリエーションがある。しかし昔ながらのレシピでは、バナナは縦半分に「割って《スプリット》」、皿の中央に置くことになっている。そこにアイスクリームを、クラシックスタイルならばチョコレートとバニラとス

ソフトクリーム・チェーン店デイリークイーンによる「バナナを飲もう」販売促進キャンペーンのようす。1930年代。

トロベリーをひとすくいずつ、並べて載せる。イチゴやパイナップルのスライスやチョコレートソースをトッピングし、食べる人の好みに合わせてたっぷりと盛りつける。ナッツ、マラスキーノチェリー、そしてもちろんホイップクリームをトッピングするのも好まれる。

他の有名な甘いバナナのレシピと同様に、バナナスプリットはアメリカ生まれである。最初のバナナスプリットは、１９０４年にペンシルベニア州ラトローブの小さなドラッグストア、タッセル・ファーマシーで出された。発案者は23歳の見習い薬剤師デヴィッド・エヴァンス・スティックラーである。彼はサンデーやさまざまな飲み物を試作するのが大好きで、新メニューを考案しては店のソーダ・ファウンテンで出していた。[6] スティックラーがこしらえたのはバナナをベースにした古典的な三色アイスサンデーで、そこにチョコレートソースだけをトッピングした。最初のバナナスプリットの価格は10セントである。この豪華で彩り豊かなデザートは、瞬く間に地元の小学生や中高生の目を引きつけた。「スプリット」の人気はあっという間にラトローブの町の境界を越えて広まった。

バナナスプリットの人気レシピは、1907年の『メルクス・レポート　薬局のための業界誌 *Merck's Report: A Practical Journal of Pharmacy as a Profession and a Business*』で広まった。山盛りのホイップクリーム、きざんだナッツ、きざんだドライフルーツ、そしてさらなるトッピングとして、てっぺんにマラスキーノチェリーをひとつだけ。これぞバナナスプリットというスタイルができあがった。[7] ごく短期間でバナナスプリットの人気は沸騰し、1920年代には全米のほとんどのアイスクリーム・ソーダファウンテンで出されるようになった。

この有名なデザートを記念して、ラトローブでは毎年祝典が開かれる。グレートアメリカン・バナナスプリット・フェスティバルといういかにもな名をつけられたこの祝典は有名だ。2004年には、バナナスプリット誕生百周年を祝ってさらに大がかりなフェスティバルが開催され、古典的なレシピから、マシュマロやチョコレートやピーナッツバターを添えた現代風のものまで、あらゆるタイプのバナナスプリットが出された。さらにこの年、全米アイスクリーム小売業協会がラトローブを正式なバナナスプリット発祥の地として認定し、有名なデザートの先取権を主張するラトローブの立場を強固なものにした。[8]

スティックラーはバナナスプリットの考案者として正式に認められているが、このデザートが全国レベルで人気を博すと、自分こそが考案者だと名乗り出る者がほかにもいた。オハイオ州ウィルミントンのアーネスト・ハザードもそのひとりだ。1907年、地元のレストラン店主だったハザードは、ウィルミントン・カレッジの学生の注目を集めるために料理コンテストを開いたという。優勝したのは彼自身がこしらえた料理だった。縦に切ったバナナにアイスクリームを添えたものだ。[9]

ハザード氏の料理の才を否定する気は毛頭ないが、残念ながら彼がこの料理を創作したのは、スティックラーの試作よりもあとのことだ。それでもウィルミントンはこの有名なバナナのデザートに今も親近感を抱いていて、毎年6月にバナナ・スプリット・フェスティバルを開催している。

◉バナナブレッド

俗説によれば、「バナナブレッド」が初めてお目見えしたのはアメリカの大恐慌の時代（1930〜40年頃）だという。1929年の大恐慌でアメリカはひどい苦境に立たされた。ごく短期間に、特に南部の州で、肉体労働に従事する人々の大多数が失業した。1933年には、国内の農場以外の被雇用者の3分の1が職を失っている。都市部でも失業者が増大した。倹約の時代に突入し、食糧不足が常態化しても、失業者とその家族への公的扶助はほとんどないに等しい。[10] 飢餓と栄養不

昔ながらのパン型で焼いたバナナブレッド

良が当たり前になり、手に入る食べ物から効率よく栄養を取ることが求められた。バナナブレッドが成功への道を見出したのは、この時代のことだ。うわついた気分で作り出された料理ではない。必要にかられて創意工夫の末、誕生した料理である[11]。

バナナブレッドのレシピを初めて掲載した印刷物は『バランスド・レシピ *Balanced Recipes*』である。これは1933年にピルズベリー社が出版したらせん綴じのレシピカードで、メアリー・エリス・エイムズによってまとめられた（彼女はのちにピルズベリー・クッキングサービスの重役となる）。アメリカの料理人がそれまでパンにバナナを入れたことはないという確かな証拠はないが、エイムズのレシピ集がその可能性を初めて広く一般に知らせたものであることは間違いない。

このレシピはアメリカの主婦に、貧しい台所で手に入る食材を駆使してパンのような毎日の主食を作るよう勧めるためのものだったという。バナナは熟れすぎになりやすいのでつい捨ててしまいがちだが、節約の時代に食べ物を無駄にするのは賢明ではない。バナナは栄養価が高いため、主婦たちは喜んでバナナを食材のリストに加え、簡単に手早くできるこのレシピは瞬く間に広く受け入れられるようになった。

バナナブレッドは当時と同じく今も人気があり、アメリカでは2月23日にバナナブレッドの日が祝われる。この「祝日」は多くの人々がこぞって祝うわけではないが、アメリカの料理史において、困難な時代にバナナがいかに重要な役割を果たしたかを祝日の存在そのものが物語っている。

●バノフィーパイ

バナナケーキといったスイーツを思い浮かべるとき、絶対にはずせないのが、今ではほぼおなじみとなったバノフィーパイだろう。甘いバナナを使った有名なバノフィーパイは、あらゆるレストランのメニューに繰り返し載せられるデザートとなった。人気の家庭料理でもある。

バノフィーパイはイギリスのデザートで、材料はいたってシンプルだ。バナナ、クリーム、トフィー。トフィーはコンデンスミルクを煮詰めて作る。バナナとトフィーとクリームをペストリーの台に載せるのが伝統的なレシピだが、砕いたビスケット（普通はダイジェスティブビスケット）とバターで作った台で代用してもよい。チョコレートや、ときにはコーヒーソースがトッピングされることもある。パイの中でもっとも重要な材料は、料理名を見ればわかる。「バノフィー」とは、「バナナ」と「トフィー」の混成語なのだ。

バノフィーパイの起源をたどると、イーストサセックスのジェヴィントンに行きつく。この地のレストラン、ハングリー・モンクのシェフとオーナーだったイアン・ダウディングとナイジェル・マッケンジーが、パイの考案者だという。ふたりは、1971年にバノフィーパイのアイデアを思いついたと主張している。ヒントをくれたのは、イアンの妹ジェーン・ダウディングだ。彼女は缶入りコンデンスミルクから作ったトフィーの使い方を心得ており、兄やマッケンジーとともに新しいデザートの創作に熱中した。

まずマッケンジーがバナナ、トフィー、クリームを組み合わせるアイデアを思いつき、ダウディングにこの3つの食材で新しいデザートを作ろうと提案した。ダウディングは挑戦を引き受け、さまざまな台を試したのち、バノフィーパイを作ることに決めた。オリジナルの名前はバノフィーパイ（banoffee pie）だが、マッケンジーはもっと洗練した響きにしようと、正式名称を「banoffi pie」に変えようと主張した。[12]だが彼の努力にもかかわらず、「banoffee pie」のスペルが定着し、今日も通常はそちらの綴りが用いられる。実を言うと、使われている材料を考えれば「banoffee」のほうがずっと納得がいく。だからこちらの名前が好まれるのは当然といえば当然かもしれない。

このデザートはすぐにレストランで評判となり、繰り返し注文されるようになった。当初は限定メニューだったこの料理は、すぐに看板メニューに昇格した。バノフィーパイの正式なレシピは、

チョコレートをトッピングしたバノフィーパイ

1974年に初めて『ハングリー・モンクの深遠な秘密 *The Deeper Secrets of the Hungry Monk*』に掲載され、その後かなり経ってから『天国のごときハングリー・モンクの料理 *In Heaven with The Hungry Monk*』（1997年）に転載された。しかしふたつの料理書が出版される間にバノフィーパイの人気は飛躍的に高まり、料理書や家庭にとどまらず多くのレストランも定番料理として出すようになった。英語圏のあらゆる国のメニューにバノフィーパイが載るようになったのである。[13] ネスレのようなグローバル企業もバナナとトフィーの組み合わせをフルに活用し、バノフィーパイのレシピをコンデンスミルクの缶にしばしば添付した。

このデザートは非常に有名になったので、1984年にアメリカの多くのスーパーがこれを「アメリカンパイ」と称して売り出した。実際、アメリカの多くのシェフが、バノフィーパイはアメリカ生まれで、ハングリー・モンクで誕生したわけではないと言いはっていた。これに激怒したマッケンジーは1994年、『ハングリー・モンクの深遠な秘密』が出版された1974年以前にバノフィーパイのレシピが記録されていることを証明できた者には1000ポンドの賞金を払うと宣言した。[14] 調査してもそれらしい証拠は出てこなかったので、ハングリー・モンクがこのデザートの発祥の地だというレストラン側の主張は裏付けられ、誕生を記念する青い飾り額がレストランの壁にかけられた。

悲しいことにハングリー・モンクは2012年に閉店したが、伝説はいまなお健在だ。バナナを使った現代の西洋料理の中で、バノフィーパイはもっとも有名な人気料理のひとつという名声を打ち立てている。

第3章 ◉ バナナ取り引きの歴史

バナナは商業的に成功を収め、何世紀もの間、世界中に輸送され、販売されてきた。記録によれば、バナナ取り引きは早くも紀元前1000年にインドで行なわれている。取り引きはマレーシアやインドネシアの一部にまで広がっていたようだ。ただし、こうした取り引きの多くは比較的小規模な輸送と売買に限られていた。

やがて資本主義が市場経済を一変させると、多くの会社が興っては消え、地域を限定した輸出入に取り組む会社も出てきた。バナナの輸入量はまだ少なかったので、富裕層のための贅沢品にとどまっていた。19世紀末に新たな輸送技術や冷蔵技術が開発されると、農産物の取り引きは根本的に変わり、バナナ貿易は成長し拡大した。

世界のすべての「バナナ会社」の中で、そして特にバナナを欧米に供給する会社の中で、大成功を収めた会社は3つある。チキータ（元ユナイテッド・フルーツ）、ドール（前キャッスル＆クック）、

フルーツ・ディスパッチ・カンパニーの広告（1920年代）

そしてアイルランドの果物会社で今もダブリンを本拠地とするファイフスだ。

もちろん、世界に「バナナ会社」がこれしかないと言っているわけではない。ユーロ・アメリカ貿易の境界の内外にはいくつものバナナ会社が存在している（デルモンテや、最近では中国のシァメン・グレート・ライズはその代表例だ）。にもかかわらず――そして激しい競争があってもなお――チキータ、ドール、ファイフスの3社は、バナナの国際取り引きを語るうえでは絶対に欠かせない名前であり続けている。

こういった巨大企業集団は、彼らの帝国を拡大すべく粉骨砕身し、今や欧米のバナナ取り引きの大部分を共有する形で牛耳っている。しかしその一方で、これらのバナナ会社が設立以来行なってきた不適切な取り引きはさまざまな論議を呼んできた。

バナナの積み込み。ニューオリンズの絵はがき。1917年の消印あり。

◉巨大バナナ会社――ユナイテッド・フルーツ・カンパニー

ユナイテッド・フルーツ・カンパニーが世界最大の、そして取り引きの歴史においてもっとも物議をかもしたバナナ会社であることはほぼ間違いない。この会社は１８９９年、マイナー・C・キースのバナナ事業とボストン・フルーツ・カンパニーが合併して誕生したものだ。

キースはコスタリカで鉄道を敷設するプロジェクトに従事し、１８７７年にバナナ・プランテーションでの取り引きを開始していた[1]。数十年前にカリブの奴隷プランテーションの農園主がやっていた方法をまね、バナナを鉄道労働者用の安価な食料として利用しようと考えたのである。バナナに関心を持ったキースは、パナマと、コロンビアのマグダレーナ県にバナナ・プランテーションを立ち上げた。また、トロピカル・トレーディング・アンド・トランスポート・カンパニーというバナナ会社を設立してかなりの成功を収めた。ニューオリンズを本

バナナを運ぶジャマイカの女性（1940年）

拠地として、バナナをカリブ海に面した現在のリモン港経由でアメリカに輸送する会社である。(2)

しかし経営難に陥り破産寸前となったキースは、1899年、新たな冒険的事業を視野に入れるためボストンに向かう。ロレンツォ・ダウ・ベイカーとアンドリュー・W・プレストン率いるライバル会社、ボストン・フルーツ・カンパニーとの合併を画策したのである。彼らは1870年からジャマイカのバナナを輸入していた。合併後、会社は社名を「ユナイテッド・フルーツ・カンパニー」と改め、本拠地をボストンに置き、プレストンが社長に就任した。

事業は大成功を収め、ごく短期間のうちにユナイテッド・フルーツはアメリカでも有数のバナナ貿易会社に成長し、ジャマイカのみならず中南米で多くのプランテーションを買収した。また、競合する多数のバナナ会社を吸収し、1930年には中米で最大のプランテーション経営者となった。

同じ年、「バナナマン・サム」というニックネームで知られるサム・ザムライが、ホンジュラスで経営し成功していたキュヤメル・フルーツ・カンパニーをユナイテッド・フルーツ・カンパニーに莫大な価格で売却し、引退する。(3) しかし1933年、ザムライはユナイテッド・フルーツの明らかな経営の失敗を懸念して、会社の敵対的買収を実行した。ひとたび経営権を掌握《しょうあく》すると、彼は会社の本拠地をニューオリンズに移し、ユナイテッド・フルーツをさらに繁栄させるための仕事に着手した。このとき、そして社の歴史の大半において、ユナイテッド・フルーツのアメリカでの、そして世界での競争相手は、ドール・フード・カンパニーだった。

1968年、イーライ・M・ブラックはユナイテッド・フルーツの最大の出資者となり、彼自身の投資会社AMKと合併させ、1970年にユナイテッド・ブランズ・カンパニーを設立した。しかしブラックによる買収後、カンパニーは深刻な財政難に陥り、巨額の借金に苦しむ。ユナイテッド・ブランズの財政状況は、1974年に襲来したハリケーン・フィフィによってさらに悪化した。このハリケーンはホンジュラスのバナナ・プランテーションのいくつかを破壊し、社の収益源を粉砕した。

そんな中、中米と合衆国双方でのロビー活動と贈賄とでユナイテッド・ブランズを糾弾する政治的論争が起こり、1975年2月にブラックは自殺した。ブラックの死後、カール・リンドナー・

ユナイテッド・フルーツの広告（1950年代）

ジュニア率いるアメリカン・フィナンシャル・グループがユナイテッド・ブランズを買収し、ふたたび勢いを盛り返すための努力が開始された。

企業集団としてのユナイテッド・フルーツとユナイテッド・ブランズは、しばしば多くの批判にさらされた。さまざまな社会団体や政治グループから、新植民地主義〔旧植民地に独立を認めながらも政治的・経済的支配を維持しようとする形態〕的手法で中南米のプランテーション労働者を搾取していると非難されたのである。歴史から企業分析、文明批評にいたるさまざまなジャンルで、ユナイテッド・フルーツ・カンパニーの取り引きをテーマにした本が多数出版されたが、「労働者を搾取する企業」「劣悪な作業環境を強いる企業」といった否定的な見方をするものがほとんどだった。

搾取についてはジャーナリスト、作家、芸術家からも同様に強く批判された。1950年にゴア・ヴィダルは、バナナ会社が架空の中米の国の軍事クーデターを支援するという内容の小説『ダーク・グリーン、ブライト・レッド *Dark Green, Bright Red*』を出版した。この小説は、ユナイテッド・フルーツがグアテマラで起きた反乱に介入した一件をさりげなくフィクション化したものだとされる。

ユナイテッド・フルーツが中南米諸国に絶え間ない政治的圧力を加えたこともプランテーションでの暴動につながり、軍の介入によって多くの人々が命を落とした。ネガティブな国際的評価から距離を置こうとしたのか、1985年にリンドナーは社名をユナイテッド・ブランズからチキータ・ブランズ・インターナショナルに改めた。商取り引きをめぐるきわめて政治的な議論から逃れるためにブランド名を変更したのだとしたら（チキータは絶対に認めないだろうが）、作戦は失敗に終わった。ユナイテッド・フルーツの誤りはけっして忘れられなかった。おそらくチキータが長期にわたり、前身である会社と同じ道をたどってきたこともマイナスに働いたのだろう。

大衆の視点から変革していこうと努力したにもかかわらず、あこぎなビジネスをする企業というイメージはチキータにまとわり続けた。しかしチキータが世界でもっとも成功したバナナ会社のひとつであり、グローバル経済における果物の重要な生産業者のひとつであることは間違いない。

●ドール・フード・カンパニー

チキータの永遠の競争相手、ドール・フード・カンパニーは、アメリカを地盤としたもうひとつの多国籍企業だ。1851年に設立され、カリフォルニア州ウェストレークヴィレッジを本拠地としている。前身は、宣教師サミュエル・ノースロップ・キャッスルとエイモス・スター・クックがハワイに設立した輸出入会社キャッスル&クックだ。この会社は瞬く間に成功し、ハワイで最大の事業主のひとつになった。当時、会社は果物の取り引きに専念していたわけではなく、鉄道敷設、海産物の加工包装、製糖といったいくつかのビジネスに出資していた。独立系企業ではあったが、キャッスル&クックは50年以上も安定して好成績を維持してきた会社だった(4)。

1901年、ジェームズ・ドールがハワイアン・パイナップル・カンパニーを設立した。これはのちにキャッスル&クックのベンチャー事業の重要な部門となる。ドールは最初のパイナップル・

プランテーションをハワイのオアフ島に開いた。瞬く間に貿易で成功し、ハワイアン・パイナップル・カンパニーはほどなく誰もが知る名前となった。

ドールの成功が他の事業主の注意を引かないはずはない。1932年にキャッスル&クックはハワイアン・パイナップル・カンパニー株の21パーセントを取得した。ジェームズ・ドール(歴史家リンダ・K・メントンとアイリーン・H・タムラは「パイナップル王」と呼んでいる)が1958年に亡くなるまで、キャッスル&クックはハワイアン・パイナップル・カンパニー株の一部を所有するのみだったが、(5) 1961年には完全に買収し、支配権を掌握した。同時に、スタンダード・フルーツ・カンパニーも買収する。これはニューオリンズを拠点にさまざまな輸入品をアメリカで販売する会社で、バナナでは特に成功していた。

キャッスル&クックにとってもドールにとっても、バナナは収益性の高い事業だった。特に1959年にハワイ諸島がアメリカに併合されてからは、輸入税を払うことなくハワイの農産品を本土で売ることができた。キャッスル&クックはふたつの果物会社を合併させて「ドール・フード・カンパニー」と名前を改めることにした。この新しい名のもと、ドールはアメリカ第三の、バナナの生産および輸入会社となった。

ドールは現在もアメリカ大陸のトップバナナ企業のひとつであり、チキータとバナナ市場を分かち合っている。ドールは他の熱帯フルーツと同様に、中南米やアジア–太平洋地域のバナナ・プランテーションの経営を管理している。フィリピンやタイのプランテーションと包装施設もそのひと

パッケージに登場したドールのマスコット、ボビー・バナナ。

つだ。[6]

長い年月の間に、ドールは企業体としてだけでなく、文化団体としての地位も確立した。ドール・フード・カンパニーのマスコットは、ボビー・バナナという擬人化されたバナナである。子供用のゲームやマンガに登場し続けるボビーは、毎日少なくとも5本のバナナと野菜を食べるのを習慣としている「スーパーキッズ」のリーダーでもあった。[7]

ドールは文化部門のみならず、スポーツの世界にも進出した。１９８５～86年に、ドールバナナはピッツバーグ州立大学の「ゴリラ」と呼ばれるさまざまなスポーツチームの公式フルーツとなったのだ。バナナがチームのシンボルのひとつになれば多くの人の目に留まる。スポンサーになることで大きな宣伝効果を得られ、しかも利益に結びつく――ドールにとっては願ったりかなったりだった。

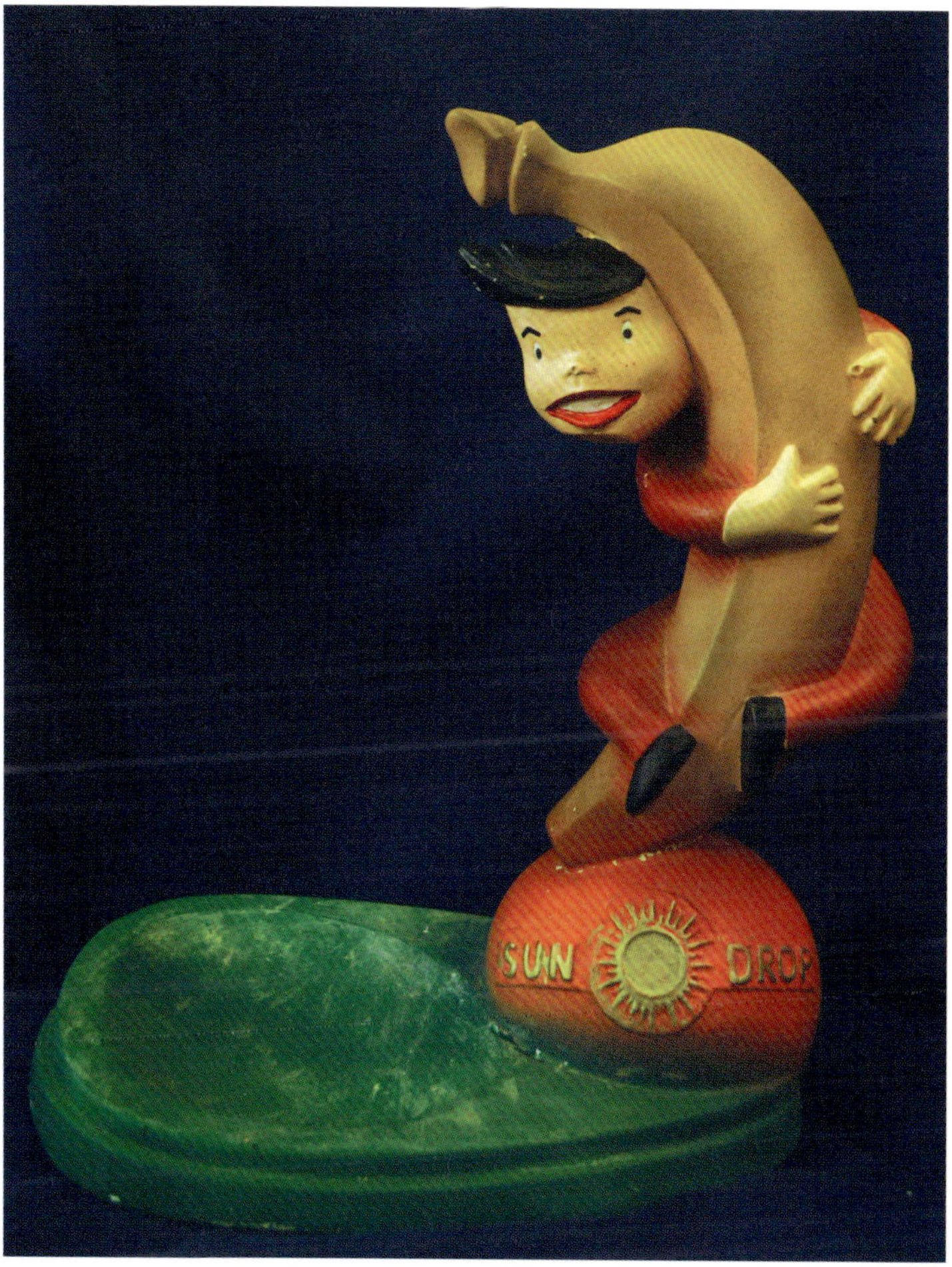

オランダの「サンドロップ・バナナ」の広告マスコット（1960年代）

◉ファイフス・グループ

大西洋の反対側で、チキータとドールのライバルとなるのがファイフスである。ファイフスは1888年にトーマス・ファイフによって設立された。彼はロンドン出身の食品卸売業者で、カナリア諸島のバナナ販売業者と協力関係を作り上げた[8]。当時の社名は「ファイフ&ハドソン」で、ファイフのビジネスパートナーの姓も入っていた。ファイフスは当時さまざまな果物を扱っていたものの、一番有名だったのがバナナで、会社を設立した年にはもう、ファイフの名を冠した最初のバナナがイギリスに到着している。事業開始から最初の数年で、ファイフ&ハドソンはカナリア諸島に多くのバナナ・プランテーションを立ち上げた。1901年にファイフ＆ハドソンはエルダー・デンプスター&カンパニーと合併した。これは長年にわたりジャマイカからイギリスにバナナを輸送してきた会社である。

合併後、会社はエルダーズ&ファイフスと名を改め、事業を立ち上げる際にはイギリス政府の援助を受けた。政府はジャマイカからの蒸気船を定期的に走らせることができるよう、会社に年4000ポンドの助成金を支給したのである。こうしてイギリスでも大量のバナナが販売されるようになった[9]。

合併後まもなく、アメリカのライバル会社ユナイテッド・フルーツが、エルダーズ&ファイフスの資本の45パーセントを取得した。事業が落ち込んでいたにもかかわらず、ユナイテッド・フルーツがエルダーズ＆ファイフスの株式を取得したことで会社は飛躍的に成長し、特別仕立ての船で貴重なバナナの積み荷をより簡単に大西洋横断させることができるようになった。財務的に大成功を収めるなか、ファイフスの有名な青いラベルが１９２９年に初めて使われた。[10]

エルダーズ＆ファイフスは、特に輸送と冷蔵の新技術を開発するのに熱心だったことで知られる。１９６０年にはイギリスの飛行機メーカー、ブリテン・ノーマンと手を組み、西アフリカの多くの地域からバナナを運ぶための新たな輸送手段「クッションクラフト」を試すことに同意した。１９６９年にはファイフス・グループと名を改め、今日もその名で知られている。

ファイフスは１９８６年にアイルランドの企業ＦＩＩに買収されたのち本拠地をダブリンに移した。会社は政治的にも財務的にもおおむね安定した状況にある。ただし例外もあって、２００２年にはアイルランドの投資グループＤＣＣをインサイダー取り引きで訴えている。裁判は長引いたものの、アイルランド最高裁判所はファイフスに有利な判決を下し、その結果、ＤＣＣは４２００万ユーロを支払うことになった。

ファイフスは大衆に大量のバナナを供給している。コスタリカ、ブラジル、コロンビア、エクアドル、ホンジュラスといった熱帯の国々の多くのプランテーションで生産されたものだ。また、ベリーズでは輸出用バナナを一手に引き受けており、事実上ベリーズはファイフスの独占状態にある。

ほかのバナナ会社、特にアメリカの会社とは異なり、ファイフスが特に努力していることがある。大衆から好感を持たれるようにすること、そして労働者搾取や新植民地主義とはかかわらないよう

ファイフスの広告（1940年代）

ファイフスの販売促進用の輪ゴムピストル。ベルギー、1950年代。

にすることだ。これらはほぼ2世紀にわたり、バナナ会社につきまとってきた問題である。実を言えば、ファイフスは少なくとも書類上は、ほぼ1世紀の間、不穏な歴史とかかわりがあるチキータの傘下にいたことがある。しかしファイフスは熱帯地方の子会社の努力を率直に認め、従業員に適正な作業環境と適正な賃金を提供すると明言した。2008年にはアイルランド・ユニセフ協会と共同で慈善活動を行なうことを誇らしげに発表している。モザンビークの子供たちをマラリアから守る活動に資金提供するのだという[11]。

これらの努力は、ファイフスが「フェアトレード」［農産物などを公正な価格で取り引きし、生産者の生活向上を支えるしくみ］の考えに近い「倫理的な」企業だというイメージを大衆に与えるのに大いに役立った。実情もイメージどおりであるかどうかは今後も注視していく必要があるが、世界には公正かつ公平なバナナ会社も存在すると期待できるのは、悪いことではない。

●興亡

チキータ、ドール、ファイフスという三大バナナ会社の運命は、ほぼすべての領域で複雑にからまり合っている。第二次世界大戦終結後、チキータはヨーロッパのバナナをほぼ一手に引き受け、ドイツ、イギリスその他の国々にも輸出した。[12] そしてヨーロッパの需要に応じるため、輸入元を分散させた。というのは、ドイツはラテンアメリカ産バナナの輸入を許可したものの、イギリスとフランスはかつての植民地であるアフリカやカリブ諸島や太平洋、いわゆるACP諸国［アフリカ・カリブ海・太平洋諸国。カリブ海諸国をのぞき、ラテンアメリカとは重複しない］産のバナナを好んだからである。チキータは喜んで要望を受け入れた。チキータのプランテーション帝国をもってすれば、どの地域からでもバナナを供給できたからだ。

しかし1986年、ヨーロッパ市場の支配を信じていたチキータは子会社ファイフスの株を売却すると同時に、ACP諸国産バナナの一番の市場を手放した。そして1990年代初頭に新設されたEU域内での売り上げが伸びると信じ、市場拡大を期待してラテンアメリカに生産施設を増設した（そのために多額の借金もした）。当初、この作戦は成功したかのように見えた。1992年に全ヨーロッパ市場におけるチキータのシェアはドールの2倍以上になり、ドイツにいたってはシェア40パーセントを超えたからである。

それにもかかわらず、ヨーロッパ市場でのチキータの運命と成功にはまもなく暗雲が立ち込めることになる。1993年、新たに組織された欧州委員会がACP諸国産の農産物を優遇し、ラテンアメリカ産バナナの輸入を制限したからだ。[13] 大打撃を受けたチキータは、莫大な費用がかかる攻撃的なロビー活動をアメリカ政府と共同で開始し、差別的政策であるとEUを非難した。チキータに続き世界貿易機関もヨーロッパのバナナ政策は偏っていると宣言し、撤回を指示した。しかしEUが処分を不服としたため、何年も国際的な議論が続いた。この騒動はしばしば「バナナ戦争」と呼ばれた。

議論を重ね、アメリカ政府も巻き込んでロビー活動を続けたにもかかわらず（会社はさらに多額の借金を負うことになった）、チキータはACP諸国産バナナのヨーロッパへの輸出制限のため、1995年にはヨーロッパのシェアの3分の1を失った。バナナの巨人は今にも破綻しそうだった。一方、チキータの一番のライバル、ドールは、バナナ輸入に対するヨーロッパの制約をフルに活用することができた。ACP諸国での生産を増大させ、ヨーロッパ市場におけるシェアを16パーセントに拡大したのである。

最終的にEUは降参し、ラテンアメリカ産バナナのEU諸国への販売再開に同意した。しかし制約も多く、なによりチキータが悲劇から救われるには遅すぎた。借金と市場シェアの喪失で首が回らなくなったチキータは、2001年に破産を申し立てる。2002年にチキータは再建されたものの、再度の成功へ向けた歩みは遅々として進まず、目標の達成は難しい。

10年以上経って、運命の思わぬ展開をもたらしたのは昔のビジネスパートナーだった。2014年初頭、ファイフスとチキータは株式併合に合意する。資産の買い取り金額は5億2600万ドルと見積もられた。合併によりチキータ・ファイフスは世界最大の「バナナ会社」となり、この新たに設立された巨大企業に世界市場で太刀打ちできる企業は、現在存在しない。

◉「バナナ共和国」

企業組織によるバナナの生産については、1世紀以上にわたり議論されてきた。論点のひとつは、倫理的な、もっと正確に言えば非倫理的な、バナナ・プランテーションでの労働者の待遇である。長年にわたりこの問題は、労働者たちが置かれてきた不適切な労働環境のみならず、彼らが労働の対価として受け取るスズメの涙ほどの給料にも及んでいた。プランテーション労働者は重労働にもかかわらず貧しい生活を強いられ、いわゆる「バナナ共和国」の独裁者が暴利をむさぼるための犠牲となってきた。

「バナナ共和国」という呼称は、経済的に不利で政治的に不安定な国々を指す。これらの国々の経済は、限られた地域から産出する「稀少」な資源の生産と輸出に過度に依存している。地理的にいえば、「バナナ共和国」に分類されるのは中米のいくつかの国、特にグアテマラとホンジュラスだ。

バナナに投資すれば、冬でも大きな利益が見込める！
投資家にバナナ取り引きへの参加を呼びかけるパンフレット（1928年）

産物はほかにもいくつかあるが、昔からこれらの国の主たる国民所得源がバナナであったため、この呼び名がある。

「バナナ共和国」はもともとは政治学用語で、アメリカの作家ウィリアム・シドニー・ポーター（ペンネームのオー・ヘンリーのほうが有名だろう）によって作られた。彼はこの言葉を１９０４年の問題作『キャベツと王様 *Cabbages and Kings*』で、架空の国、アンチュリア共和国を描写するのに使った。この本はひとつのテーマに沿った随筆風の話が集まってできている。１８９６年から97年にかけてポーターがホンジュラスに滞在した際の経験がヒントになったという。

ポーターによれば、アンチュリア共和国は繁栄している国ではない。汚職や横領のみならず、不安定でお話にならない経済（バナナのようなエキゾティックな果物の生産と販売に依存している）に苦しめられている。ポーターがこの作品を発表すると、「バナナ共和国」という言い回しは政治評論家によって広く使われるようになり、独裁者あるいは少数独裁組織が支配し、バナナ栽培と輸出産業に従事する農業労働者の搾取を社会経済の基盤にしている国々を指すのに使う侮蔑《ぶべつ》的な言葉となった。

この言葉はまた、権力者が国のためではなく私利私欲のために（しばしば）国際企業と緊密に取り引きする状況でも使われる。バナナ共和国は、優遇されている独占産業と国家との経済的、政治的共謀によって動かされていると理解してよい。その結果、利潤が社会に還元されないどころか、国のより広い階層の人々のニーズは完全に無視される。

この状況は一般的に国に莫大な負債をもたらす。利益は労働者に還元されていないのに負債は労働者全体の責任とみなされ、ただでさえわずかな賃金に高い税金がかけられ、出世することも成功することもかなわず、貧富の差は開く一方だ。社会・経済・政治システムがこのように不安定であるがために、「バナナ共和国」の通貨は価値が下落し、その結果、国際経済において存在しないも同然になっている。他の国々は彼らを財政的に機能している存在とはみなさず、融資の形で財政支援を提供することはけっしてない(14)。

このような状況で、そしてこういった経済的に不安定な国々が多くの言説でどのように扱われているかを考えると、農産物が唯一の収入源である地域において、バナナは腐敗した経済の象徴であるばかりか、一部のわずかな人間が私腹を肥やし大勢の労働者が搾取される象徴とみなされることは避けられない。そして、国際法による保護を期待できない地域で欧米の企業が弱い立場にある者を搾取しているという批判が高まるなか、バナナにまでネガティブなイメージがついてまわることになる。

バナナ・プランテーションでの労働をめぐっては、単純明快で理性的な議論がある一方で、農業労働者を奴隷のように働かせてきた国際企業のあり方や、労使間の緊張がもたらしてきたさまざまな影響とが複雑にからみあい、議論を紛糾させてきた。こういった緊張関係が何年も続くと、多くの場合、行き着く先は暴力行為となる。それにより大勢の命が失われ、バナナ貿易は陰残で不埒な事業だと評される結果になったのである。

◉「バナナ大虐殺」

バナナ・プランテーションで起きた暴力事件の中でも特に卑劣で、メディアのみならず人権団体をも危惧させたものが、「バナナ大虐殺」だ。[15]

1928年12月6日にコロンビア、サンタマリア近郊のシエナガで起こったこの事件では、ユナイテッド・フルーツ・カンパニー（当時はこう呼ばれていた）のプランテーション労働者が数えきれないほど殺された。バナナの収穫にあたる労働者たちは12月初めからストライキを続けていた。適正な作業環境も就業規則も、食糧配給券ではない現金による報酬システムも欠如していたからである。

ストライキを率いたのは、ペドロ・デル・リオ、ベルナルディーノ・グエレロ、ラウル・エドゥアルド・マヘカ、ニカノール・セラノ、エラスモ・コロネルの5人だ。彼らは適正な報酬に加え、文書による契約、週6日・1日8時間労働を要求していた。自由党、共産党、社会党といったコロンビアの左翼系政党の党員もこれを支援し、抗議に参加した。

ストライキは多くの市民の不安を誘い、政治グループや業界団体を警戒させた。労働者にしてみればストライキは勇敢で有望な手段だったが、プランテーション側にしてみれば明らかに破壊的な行動である。管理者はすぐさまアメリカのユナイテッド・フルーツに伺いを立てた。ストライキは社の利益をあからさまに脅かすものであり、グループに深刻な財政的損失を与える可能性があったからだ。
しかしユナイテッド・フルーツは、プランテーション労働者が人間らしい生活を送るための最低条件を飲む道はとらなかった。反対に、ストライキ終結と生産再開のためにコロンビアに派兵してほしいと、当時のアメリカ政府（大統領はカルヴィン・クーリッジだった）に働きかけたのである。もちろん、アメリカ軍がコロンビアに出兵すれば、国際政治および国際経済にかかわる破滅的な事件となる。

アメリカ軍の介入を避けようと、コロンビア政府はコルテス・バルガス将軍率いる自国の軍によってストライキを鎮圧しようとした。コロンビア軍がストライキ現場となっているシエナガの大広場に到着すると、状況はあっという間に悪化した。労働者たちは解散を拒否し、一歩も引かぬ構えを見せた。軍はこれを破壊活動とみなし、驚くべき行動をとった。中央広場に隣接する大通りを封鎖し、周囲の低い建物の屋根に機関銃を据えたのである。この時点で広場にいたのは、バナナ・プランテーションの労働者だけではない。日曜日のミサの直後だったので、彼らの妻子も合流していた。広場は群衆で埋め尽くされ、数えきれないほどの人出だったという。[16] 軍は広場の人々に5分間という短い猶予を形だけ与えたのち、バルガス将軍の命令で発砲を開始した。広場は阿鼻叫喚の場と化した。

大虐殺後、バルガス将軍は47人の犠牲者を出した責任を取っている。だが実際の死傷者数に関する正式な書類はない。政治史研究家のエレーラ・ソトは、事件当時集められた生存者の証言やその後コロンビア政府から漏れた文書から、犠牲者の数は2000人にのぼると主張している。[17]

バルガス将軍は、バナナ・プランテーション労働者への銃撃はアメリカ政府との衝突を避けるために必要だったという立場を崩していない。アメリカ政府は、ユナイテッド・フルーツのアメリカ人社員と会社の利益を守る構えでいたからだ。暴力的な手段をとりはしたものの、ストライキの終結によって国としてのコロンビアの安全は確かなものとなり、アメリカの侵攻を防ぐことができたとバルガスは主張している。

この姿勢はコロンビア政府によって全面的に支持されたわけではない。たとえば上院議員ホルヘ・エリエセル・ガイタンは銃撃を激しく非難し、無力な市民に浴びせられた銃弾は、アメリカの侵略（の可能性）に向けて使ったほうがましだったはずだと主張している。ユナイテッド・フルーツはといえば、大虐殺後は沈黙を守り、プランテーション労働者を新たに雇って、生産はすぐに再開された。会社はコロンビア政府の武力行使と大勢の死者が出た責任について、否定も肯定もしていない。

ユナイテッド・フルーツは事件にかかわることを望んでいなかったが、大虐殺のニュースは瞬く間に広がり、アメリカのみならず世界中の活動家の耳に届いた。同様の事件はほかにもあるが、「バナナ大虐殺」は、腐敗しおそらくは人権に反していたバナナ貿易を理解する際の、歴史における決定的瞬間のひとつとして記憶されている。

大虐殺はガブリエル・ガルシア・マルケスの小説『百年の孤独』（1967年）にフィクションとして取り上げられ、永遠に忘れ去ることのできない事件となった。もうひとつ、この事件をモデルにした小説に、アルバロ・セペーダ・サムディオの『グレート・ハウス *The Great House*』（1962年）がある。

バナナ産業につながる行動主義は20世紀末には強固なものとなり、フェアトレード運動を生み出した。これは、この事件が国際的なカルチャーショックを引き起こしたことを物語っている。活動家ハリエット・ラムは、バナナ貿易に関する限り、フェアトレードは「完全なる大衆」によって運営されなければ成功しないと主張している。大衆は産業を「変革し」、「フェアトレードバナナを店、メディア、地方のコミュニティでもっと目にすることができる」よう望んでいる[18]。バナナ大虐殺はそれゆえに、単なる記憶にとどまらない。未来の世代への警告でもあるのだ。

◉南太平洋のバナナ

南太平洋のバナナの起源は、この地域の国々とバナナとの今日の関係に消せない痕跡を残している。人々の生活と経済におけるバナナの重要性は、単なる過去の遺産ではない。今も生きている。ソロモン諸島からフィジー、クック諸島、サモアに至るまで、バナナは重要な農産品であり、グリーンバナナからレッドバナナ、イエローバナナまで、多くの品種が手に入る。太平洋諸国の中には海外輸出用バナナの生産に国家として投資している国もあり、その結果、バナナは地元で消費されるだけでなく、経済の要《かなめ》となった。

フィジーのように「バナナ共和国」化して、長年にわたり多くの論争を引き起こしている国もある。フィジーのジャーナリスト、ジェラルディン・パナパサは、国の財政的不安定さの原因のいくつかはバナナ貿易にからむ汚職にあると突き止め、フィジーは「バナナ貿易の傘の下で生きる」亡霊にすぎないと、問題を投げかけている。[19] それでも南太平洋の他の地域は、おもに国際的な農業安全保護とフェアトレードグループの助力のおかげで、バナナ経済において比較的幸運な発展を遂げている。

アメリカ領サモアは現在、南太平洋最大のバナナ生産地のひとつだ。アウヌウ島、オフ島、オロセガ島、タウ島といった主要な島々にいくつかの農園があり、国内用と海外市場用にバナナを生産している。[20] アメリカ領サモアで作られているおもな品種は、一般的なキャベンディッシュと、地元でファイ・パタ、ファイ・ミシ・ルケと呼ばれているブルゴーやマイソーレだ。しかしマイソーレはおもに地元で消費され、海外市場には出回らない。

アメリカ領サモアのバナナの生産は1990年代に好転した。農務省が生産農家の開拓に同意したからである。現地政府もバナナの生産に投資し、バナナは学校給食でも出されることになった。さらに2001年7月、農務省は近隣の（西）サモア（ただの「サモア」と呼ばれることが多い）も含めた他地域からのバナナの輸入を禁止した。地元生産者の市場を保護するためである。

サモアではバナナは主要農産品であり、そのすぐあとにタロイモとココナツが続く。実際、千年とは言わないまでも何世紀もの間、バナナとタロイモはサモアの重要な食品であり続けてきた。

1918年に出版された『サモアの歴史 *An Accout of Samoan History*』の中で、著名な歴史家テオ・トゥバレはサモアの食料事情に触れ、地元でファイと呼ばれているバナナは「主食であるとともに、ありとあらゆる食事に材料として使われる」と報告している。さらにトゥバレは、サモア人はバナナを「まだ青いうちに切って焼いたりゆでたりするのを」好み、ほかにもさまざまな方法で調理する、と続けている[21]。

トゥバレは地元サモアの伝統的なバナナの調理法と食べ方もいくつか紹介している。そのひとつ、マシは、パンノキの実とバナナを地中に埋めて醱酵させ、チーズのようにして食べる。オロオロはすりつぶしたグリーンバナナをココナツミルクと混ぜ焼いたものだ。熟したバナナをきざみ、ココナツミルクと混ぜてサラダにしたものはポイと呼ばれる。こういったさまざまな料理は、今もサモアで当たり前に食べられている。

伝統的にサモアの経済は農業、漁業、さらに最近では観光業に依存しており、バナナの商業生産と輸出は現地の経済に非常に重要な役割を果たしている。サモアは「オーガニック」バナナに力を入れ、ニュージーランドといった国々への輸出元として、確固たる地位を築いている。オックスファムやオールグッド・オーガニックス食品会社といった組織の支援を受け、ニュージーランドの卸売販売業者と緊密な協力関係を結んだおかげで、サモアのバナナ貿易は活性化した。

特に重点を置いているのが、乾燥させたミシルキ・バナナのぶつ切りのような「めずらしい」バナナ製品だ。このバナナはサモアで作られ、ニュージーランドの健康食品店やデリカテッセンで売

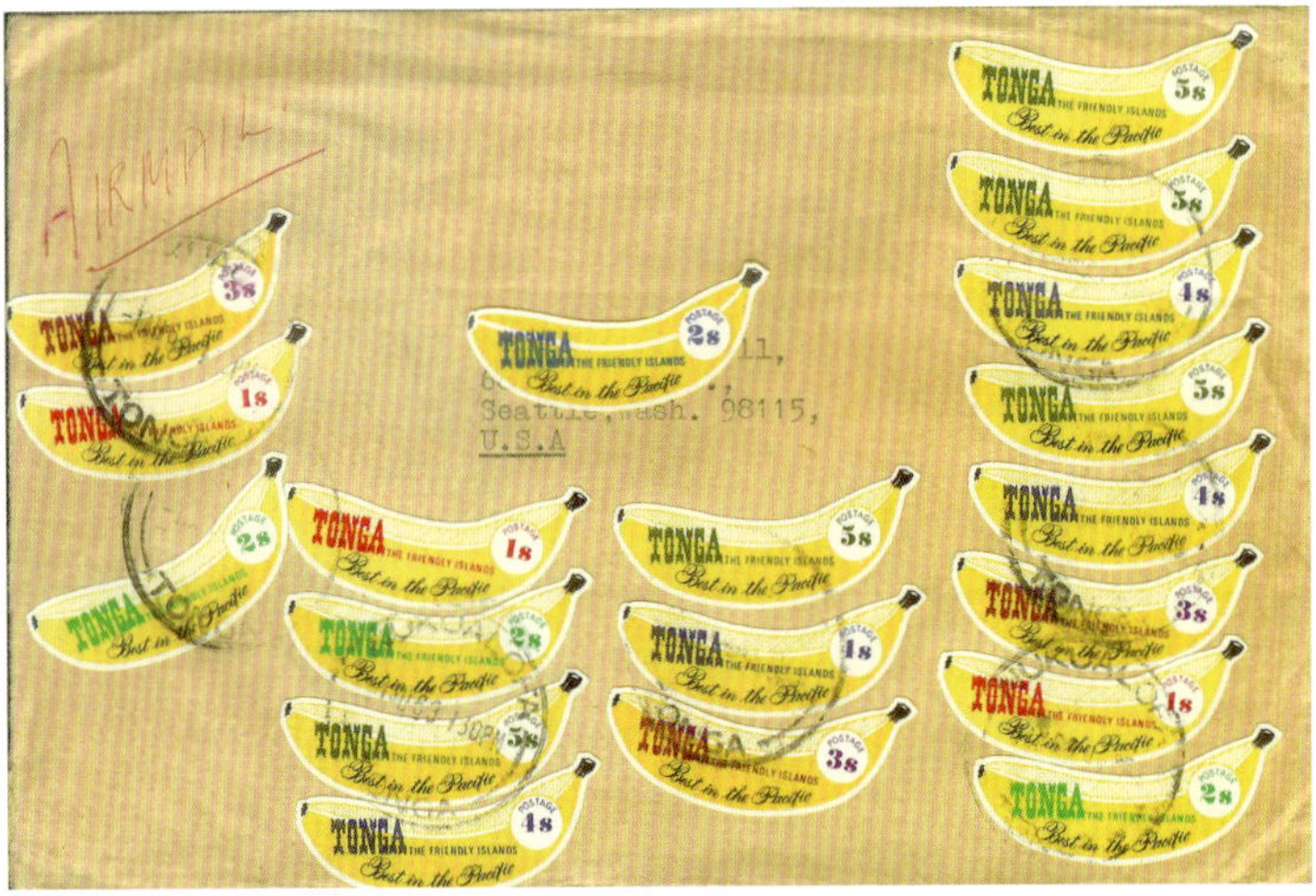

トンガのバナナ切手（1969年）

られている。[22]当初は生のミシルキ・バナナの輸入が試みられたが、この品種は甘くておいしいものの輸送には向かず、ニュージーランドに到着したときにはすべて真っ黒になってしまい、失敗に終わった。一方、干してぶつ切りにしたミシルキの輸出・販売は大成功を収めた。サモアのほとんどの商業団体は、地元経済と国際市場における地位を維持すべく、バナナ・プランテーションでフェアトレードを進めていることでも名高い。

　バナナの輸出経路においてニュージーランドと緊密な協力関係を作り上げたのはサモアだけではない。トンガも昔から大量にバナナを生産し、ニュージーランドに輸出することで成功してきた。南太平洋の他地域と同様に、トンガ料理でもバナナは大切な欠かせない食材となっている。バナナは地元でもつねに大量に消費されているが、１９５０年代には隣国ニュージーランドに輸出するベンチャー事業が始まった。トンガ政府は地元生産者が輸出目的の商業プランテーションを設立できるように、プロダクトボードと呼ばれる経済的支援のシステムを立ち上げている。その企ては成功し、バナナの生産と販売は1950年代と60年代の20年間で大きく増加した。バナナ貿易の成功を記念して、1963年にトンガは今では有名になった「バナナ切手」を発行している。トンガ経済およびトンガの社会構造にバナナが重要な役割を占めていることに敬意を表したものだ。[23]

不運なことにトンガでも、1970年代の植物病害の波が国際市場向けのバナナ生産に影響を与え、バナナ産業は大打撃を被った。地元の農業委員会の努力、さらには国際団体による援助のおかげで、トンガのバナナ生産は現在回復し、繁栄し続けている。とはいえ、過去数十年に達成していたほどの生産量には届かず、バナナはおもに国内で消費されている。それでもバナナはトンガ人の生活の中心であり、欠かせない文化的存在であり続けている。

第4章 ◉ 象徴としてのバナナ

バナナのデザインは衣類から楽器にいたるまでさまざまなものに使われてきたし、何世紀にもわたり、さまざまな物語の中で重要な役割を果たしてもきた。バナナがどれほど大衆文化に浸透しているかを知りたければ、ワシントン州オーバーンにあるバナナ博物館を一度訪ねてみるとよい。博物館に足を踏み入れるや（収蔵品は６００点以上にのぼる。感動的で驚くべき数字だ）、来館者はずらりと並んだ風変わりな展示物に迎えられる。すべて、はっとさせるようなデザインのバナナがあしらわれた品々だ。バナナの形をした電話、皿、衣類、そして楽器などは、実際に販売されたもののほんの一部にすぎない[1]。バナナを印刷したＴシャツや缶もあれば、バナナをかたどった数えきれないほどのおもちゃやフィギュアもある。ワシントンバナナ博物館は、２００年にわたりバナナが欧米人の意識をどれほど支配してきたのか、その証を示してくれている。

バナナは大衆文化、さらには芸術世界に偏在するアイコン［事物を象徴的に表現するための画像や

ワシントン州オーバーンのバナナ博物館に展示されているバナナグッズ

記号」であり、ときにはちょっと変わった驚くべき場所にも現れる。なにも遠くまで旅する必要はない。博物館でなくとも、思いがけないところでバナナに出会うことができる。実際、あまりに多すぎるのですべてを紹介するのは不可能だし、そんな気にはとてもなれない。とはいえ、ここ200年の「象徴としてのバナナ」のいくつかは特に紹介しておく価値があるし、大衆文化における重要な位置づけが再評価されていることからも、特別な注意を払うにふさわしい。

◉「イエス・ウィー・ハヴ・ノー・バナナ」

ヴィクトリア時代末期にも、20世紀に入ってからも、バナナを使ったデザインは人気があり、祝いの品や記念品に使われた。この時代にはバナナを食べる人を描いた郵便はがきや誕生日カードが数多く見られる。バナナは喜びや繁栄を表しているだけではない。自由な恋愛と気ままな時間を謳歌できるエキゾティックな場所で生まれた果物というイメージがあった。そんな楽しい時間をすごしてほしいという意味もカードには込められていたのだ。

バナナはポール・ゴーギャン、ジョルジョ・デ・キリコ、サルバドール・ダリといった画家にインスピレーションを与えたが、それはほんの一例にすぎない。20世紀を通して、誰もが認めるバナナという果物の「楽しさ」は、繰り返し活用された。音楽からテレビやマンガに至るまで、大衆文化においてバナナのイメージを利用したものは枚挙にいとまがない。

キャバレー・ガール。1890年代末から1900年代初頭にかけてのバースデーカード。

KINDEST REGARDS
ON YOUR
BIRTHDAY.
Best love on a greeting card
Wishes sincere and kindest regard.
EAS
010029/5

少女。バースデーカード。

1909年の絵はがき。この「バナナを持つ少年」の写真は、著名な写真家ルーベン・サロウズによるスタジオ撮影。

「イエス・ウィー・ハヴ・ノー・バナナ」は、フランク・シルヴァーとアーヴィング・コーンによるコミックソングである。もともとはブロードウェイのショー『メイク・イット・スナッピー』のために作られ、1922年に初演された。舞台ではエディー・カンターが歌っている。この歌はショーの成功後の1923年にヒットし、ヒットチャートで5週間にわたり1位を獲得した。

音楽史研究家のアーノルド・ショーはこの歌を「タイトルもメロディーも目新しいものではない」と評しているが、(2)「イエス・ウィー・ハヴ・ノー・バナナ」は当時大成功を収め、欧米の多くの地域で誰もが知る曲となった。リリースされた歌はビリー・ジョーンズが録音したもので、アーサー・ホールとアーヴィング・カウフマンがコーラスで参加した。気取らず愉快な歌詞には、残念ながら当時は当たり前だった文化的な固定観念が少々見られる。

おいらの町の果物屋
店のおやじはギリシャ人
置いてる品はいいものばかり
だけどおやじのしゃべりときたら!
何を聞いても「ノー」とは言わない
口にするのは「イエス」だけ
金を受け取りこう言うのさ

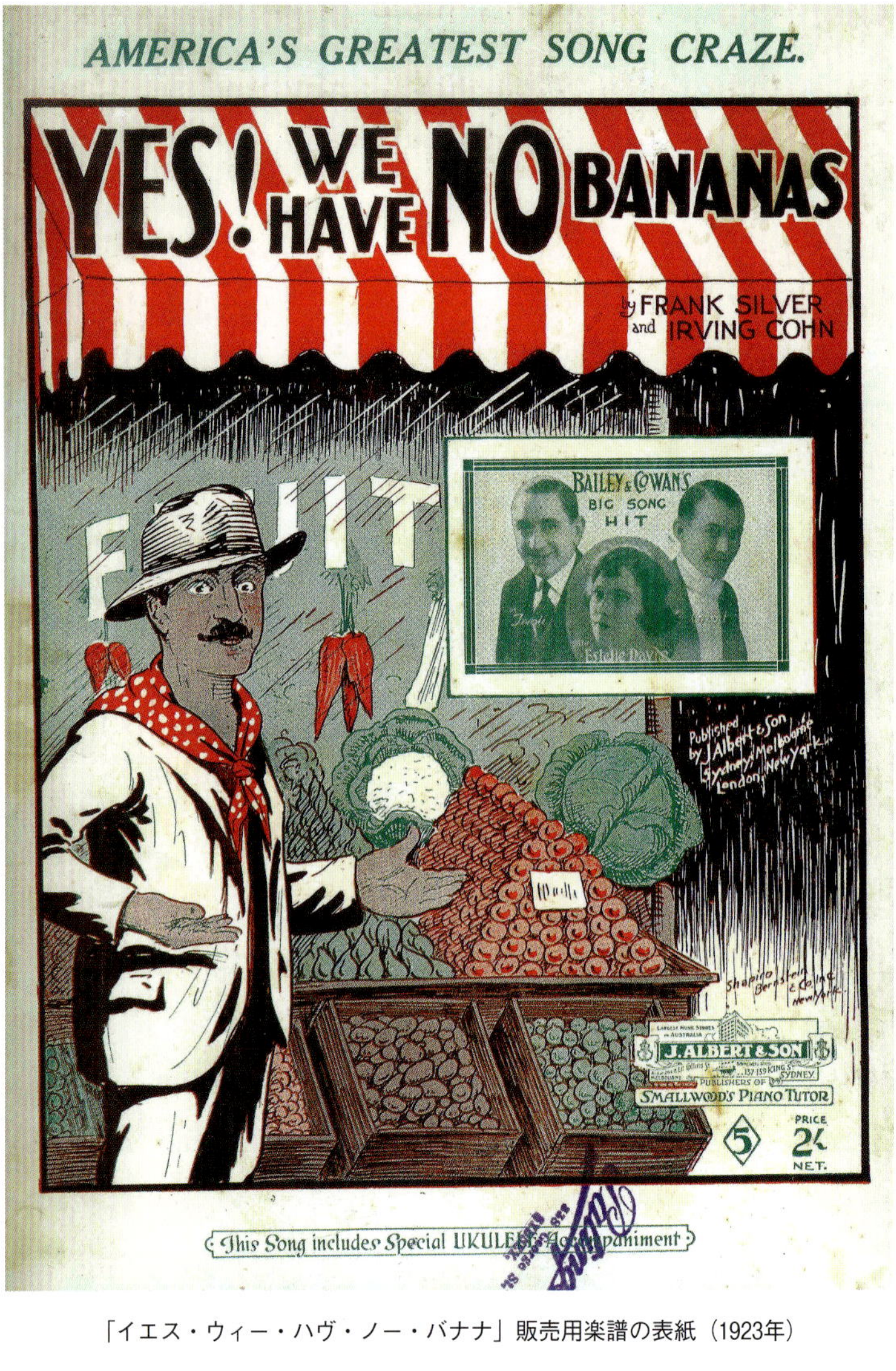

「イエス・ウィー・ハヴ・ノー・バナナ」販売用楽譜の表紙（1923年）

「イエス・ウィー・ハヴ・ノー・バナナ
今日はバナナは品切れだ
サヤマメ、タマネギ、
キャベツにワケギ
果物ならばなんでもござれ
昔ながらのおいしいトマト
ロングアイランドのジャガイモも
だけど、イエス、バナナはないんだ
今日はバナナは品切れだ(3)」

この歌には続編の「アイヴ・ゴット・ジ・イエス！　ウィー・ハヴ・ノー・バナナ・ブルース」があり、１９２３年にビリー・ジョーンズとその一座によって録音された。さほどヒットしなかったがそれでもよく知られている。「イエス・ウィー・ハヴ・ノー・バナナ」は、有名なブラジルのバナナ不足（胴枯れ病の流行による）から着想を得ているが、歌の起源をたどるとリンブルックに行き着く。ニューヨーク州ロングアイランドの小さな町だ。地元のギリシャ系アメリカ人の八百屋、ジミー・コスタスが「イエス・ウィー・ハヴ・ノー・バナナ」と口にしたのを聞いた作詞家が歌詞を書いたと言われる(4)。

しかし1923年7月のシカゴトリビューンの記事は、このフレーズが1920年にシカゴで生まれたと主張している。残念ながらトリビューンはこの主張を裏付ける証拠を十分に出すことができず、バナナ不足を案じる者とシカゴとの関係も提示できなかった。それに対し、ロングアイランドが起源だという説は広く受け入れられた。現在有名になったこのフレーズを使って、コスタス氏がバナナを探し求める熱心な客を追い払うのを、当時何人もの人間が目撃していたからである。

「イエス・ウィー・ハヴ・ノー・バナナ」の歌とフレーズは何十年も人気を博し、単なるエンタテインメント以上の大成功を果たした。ショーの中の一曲として歌われていた陽気な歌が、独特な政治的意味を含むスローガンとして利用されるようになったのだ。後年、人気が再燃した際には、曲の中のバナナは食べ物ではなく、比喩的な意味を持つことになる。1932年、北アイルランドのベルファストで貧民救済を求める抗議のテーマ曲として復活したのだ。このときにはバナナがないという歌詞が、幸福も満足もない騒然としたベルファストに広がる絶望と悲しみを連想させたと言われる。

バナナがないというフレーズは、困難な時代に繰り返し復活した。第二次世界大戦中の食料不足と配給の時代には、イギリス政府が何年にもわたるバナナの輸入禁止を決定し、その結果、イギリスでこの歌の人気が再燃している。当時、バナナの禁止は国内および国際的なさまざまな団体から歓迎されなかった。国際的な規模では、バナナの禁止はイギリスとカリブ諸国のバナナ生産者との間で長年結ばれてきた貿易協定の破棄を意味し、人々の動揺と政治関係の緊張を引き起こした。国内ではバナナの禁止は戦争に勝つための闘いと同義語になり、果物売り場にバナナがないということは、平和も満ち足りた生活もないことの象徴だと解釈された。

そういった短い政治的幕間を過ぎても、「イエス・ウィー・ハヴ・ノー・バナナ」の歌は何十年にもわたり、さまざまな形で大衆の人気を博し、満足と喜びの象徴として、さらに広範な意味づけをされて使われ続けることになった。この歌は非常に有名なアメリカのマンガ、『アーチー・コミック』（バナナがよく登場する）のストーリー展開で重要な役割を果たし、『麗しのサブリナ』（1954年）から『イングリッシュ・ペイシェント』（1996年）まで、多くの映画で触れられた。これらの映画では、「イエス・ウィー・ハヴ・ノー・バナナ」は、非常に陽気な場面で流れる。歌そのものの明るい旋律だけでなく、良き時代とバナナのつながりへの肯定感にあふれているのだ。

この有名な旋律を通して、バナナの持つ陽気さが多くのテレビ番組で繰り返し表現された。『マペット・ショー』や『セサミ・ストリート』の有名な寸劇、さらには大人気のテレビ番組『ザ・シンプソンズ』にも使われている。「バートのガールフレンド」というエピソードでは、登場人物のひとり、ホーマーがこの歌を口ずさむ。これらは「イエス・ウィー・ハヴ・ノー・バナナ」がさまざまな目的で使われたほんの一例にすぎない。いかにこの歌に人気と順応性があり、この歌が欲望、喜び、欠乏というメッセージを伝え、バナナがさまざまな感情の象徴的な運び手になりうるかを、このことは示している。

◉「バナナボート」

アイコンとしてのバナナは、１９４０年代から50年代にかけて大衆文化の中で使われ続けた。バナナは舞台で演奏される曲やポピュラーソングに登場し、単独の曲として、あるいは映画のサウンドトラックとして発売された。バナナは相変わらずエキゾティックな存在として扱われ、のんびりしたライフスタイルやセックスの象徴であり続けた。今では象徴的な「デイオー」もそのひとつである。

「バナナボート」とも呼ばれるこの曲は、１９５６年にジャマイカ系アメリカ人ハリー・ベラフォンテによって歌われた。もともとは有名なジャマイカのメント（伝統的な民族音楽のひとつで、バンジョーやハンドドラムといったアコースティック楽器を使用し、カリプソ音楽の一種とみなされる）だった曲である。しかしベラフォンテが歌ったことで欧米に広まり、彼の代表曲のひとつになった。

「バナナボート」は典型的な労働歌で、メントにはこういった曲が多い。船にバナナを積み込む港湾労働者の日常を歌った歌だ。音楽史研究家のクリス・ベベネックによれば、当時１５０万枚という圧倒的な売り上げを記録して成功したにもかかわらず、ベラフォンテは曲をアメリカ人好みに変えて真のカリプソ音楽の「価値を下げた」と非難されたという。[5] しかし、バナナを積み込む仕事のつらさと、一日の終わりに家に帰って休息したいという労働者の願いをこの曲はよく表現していると称賛する声も多かった。

ベラフォンテのシングル盤ヒット後も多くのカバーが録音されている。1950年代のスタン・フリバーグによるカバーは有名で、1980年代半ばにイギリスのチョコレートバー、トリオのコマーシャルソングとして使用された。しかしベラフォンテ版は「オリジナル」として記憶され続けている。おそらくジャマイカ生まれの歌であることや、ベラフォンテ自身にジャマイカの血が流れていることが関係しているのだろう。

別のジャマイカ系アメリカ人歌手シャギーもジャマイカとのつながりを誇示し、「バナナボート」のダンス・インスパイアド版を1995年のアルバム『ブンバスティック』で発表している。「バナナボート」はテレビや映画でも使われている。もっとも有名なのは、ティム・バートンの『ビートルジュース』（1988年）で「登場人物たちが幽霊に操られ、この曲に合わせて踊る」夕食の場面だろう。

◉アンディ・ウォーホル

1960年代にバナナは欧米、特にアメリカの大衆文化において、さまざまな比喩的意味を持つようになった。この時代のメタファーとしてのバナナの有名な例は、ヴェルベット・アンダーグラウンド&ニコの同名タイトルのアルバムだろう。ジャケットデザインをアンディ・ウォーホルが担当し、話題になった。

このバナナに用いられた芸術的表現は、大衆文化におけるおそらくもっともわかりやすくて象徴的なもののひとつだろう。単純なバナナの絵で、端の部分は少し傷み黒ずんでいる。初期の盤では、ここに「ゆっくり皮をむいて」という誘い文句が記されていた。購入者が誘いに乗ってバナナの絵に貼られたステッカーをはがすと、肉色をした中身の絵が現れるという趣向だ。「ゆっくり皮をむいて」版は技術的に難しい製品だった。このジャケットを作るには特別な機械が必要で、そのためアルバムの制作コストは大きく跳ね上がった。(6)

アルバムはアンディ・ウォーホルの「エクスプローディング・プラスティック・イネヴィタル」と題したマルチメディア・イベントの一環として、1966年に考案され発売された。当時ウォーホルの独特な芸術的感性として知られるようになった、イメージと概念の実験的な性質が強く表れている作品だ。皮をむかれたバナナの絵は性器を連想させ、その点が当時の社会政治学的な議論の的となったため、のちの盤は黄色いバナナの絵のみとなり、ふたつの意味の込められた「皮をむいて」バージョンは制作されなくなった。

最初の発売から50年以上を経た2012年、ウォーホルのバナナの絵はヴェルヴェット・アンダーグラウンドとアンディ・ウォーホル財団との訴訟に巻き込まれた。ウォーホル財団がアルバムジャケットの象徴的なバナナのデザインを、iPhoneやiPadのケースに使用することをインケース社に許諾したとして、ヴェルヴェット・アンダーグラウンド側が訴えを起こしたのである。トレードマークデザインの所有権をめぐる何度かの審問を経て、2013年3月、裁判所はアンダーグラウンド側の要求を退け、和解を促した。[7] 制作・発売から数十年も経ってウォーホルの象徴的なバナナが議論の的になったのは興味深い。たとえ訴訟が社会政治や社会文化的な性質を持つものでなく、お金のからむ問題だったとしてもだ。

ドノヴァンの1966年のヒット曲「メロー・イエロー」にもバナナが登場する。バナナが「電気のようにしびれさせる」という歌詞だ。ドノヴァンの曲が発売された頃、バナナの皮の内側をかき落とし乾かして吸うことがサブカルチャーの世界で流行していた。そうすれば別の世界にトリップして、他の人々には見えないものが「見える」と信じられていたのだ。[8]

実際には、バナナを食べることで幸福感が生まれたり興奮したりといった効果は、ほんのわずかしか期待できない。わずかでもそういった効果が生まれるのは、精神に作用するというよりは、生化学的な、それもおそらくはありふれた原因によるものだ。バナナには多くの糖分が含まれ、体にとって長時間持続するエネルギー源となる。これらの糖分は食べた者の気分を高め、落ち着きを与えてもくれる。大量に食べれば、強い高揚感が得られることもあるだろう。バナナに含まれている糖分の摂取が、脳内におけるドーパミンやセラトニンの生成を助けることは知られている。そこから神経伝達物質に対するエクスタシー［MDMA］やプロザック［抗うつ薬］の作用を連想したのだろう。[9]

もちろん、医療のために開発された抑制剤のような効果がバナナに多少なりともあるなどとは言われていないが、バナナの高い糖の含有率は――たとえほんのわずかな時間であっても――食べた者に幸福感を与える。１９６０年代の反体制文化は、じつにいいところに目をつけた。幻覚誘発剤まがいの効果をバナナに期待するとは奇想天外もはなはだしいのだが、バナナの潜在的な力を認識していたことは注目に値する。

◉「少々頭がおかしい」

しかし、バナナに備向精神的な力がわっているという考えは、１９６０年代の反体制文化の時代に初めて生まれたわけではない。バナナのこの特性が欧米ではかなり前から認識されていたのは事実であり、東方から伝来した物語や伝説によって拍車がかかったのは間違いない。１９３５年、オックスフォード英語辞典は精神異常に関連する項目として「ゴーイング・バナナ going banana」という表現を掲載している。[10] この表現は現在も、非常に幸福だったり、ある出来事に没頭しすぎていたり、人前で感情をあらわにしたりするあまり「少々頭がおかしい」人を形容するのに使われる。『アメリカン・スラング歴史辞典 *The Historical Dictionary of American Slang*』では、編集者のＪ・Ｅ・ライターが「ゴーイング・バナナ」という表現と、それに似た「ゴーイング・エイプ *going ape*」［エイプはサルの意］は関係があると主張している。この表現は20世紀半ばによく使われるようになった。どちらも特定の状況で理性がなくなったり過剰反応したりすることを意味する。ライターは、この

ワードゲーム、バナナグラムには「ゴーイング・バナナ」と呼ばれる遊び方もある。

表現はバナナを食べる霊長類とサルの近接した文化的関係を示しており、どちらかのフレーズからもうひとつのフレーズが派生した可能性があると強く主張している。

『ゴーイング・バナナズ』は、ハンナ＝バーベラの作ったスーパーヒーロー・コメディの題名でもある。これは1984年に3カ月というごく短い期間放映された。シリーズの主役はジェームズ・エイヴリーで、動物園から逃げ出してコールズ一家にひきとられたオランウータンのロクサナ・バナナを中心に物語は展開する。

あらすじはこうだ。ある晩、謎の宇宙船が裏庭に着陸し、オランウータンに特別な力を授ける。ロクサナは、サルらしいふるまいやバナナが大好物であるという点はそのままで、犯罪と戦うサルに進化する。それによって引き起こされる浮かれ騒ぎとおかしな場面が愉快なシリーズだ。

『ゴーイング・バナナズ』は短期間しか放映されなかったが、ばかげた設定の低予算作品であるにもかかわらず、長年にわたりカルト的な人気を誇っている。番組は、タイトルとなった「ゴーイング・バナナ」のもともとの意味を裏切らない内容だった。本当に少々クレイジーであり、加えて、バナナとサルとの文化的関係も改めて確立するものだった。

◉子供向けテレビ番組の中のバナナ

子供たちの世界では、バナナは人気番組『バナナ・イン・パジャマ』のスターとして、燦然たる地位を占めている。これは1992年から2001年にかけて放映されたオーストラリアのテレビ番組で、2011年から2013年の短期間復活した。1967年にキャリー・ブライトンが作って歌い、オーストラリアの子供向け教育番組『プレイ・スクール』で流された「バナナ・イン・パジャマ」という歌から発想を得て作られた。この歌はのちにシリーズの主題歌に採用されている。『バナナ・イン・パジャマ』の主人公はB1、B2というふたりの擬人化されたバナナで、その名がバナナに豊富に含まれているビタミンからとられたのは明らかだ。ふたりのバナナは青と白のストライプのパジャマを着て、カドルス通りの静かな家で幸福に暮らしている。のどかな近隣には3匹のテディベアと、妙に目を引くラット君も住んでいる。オーストラリア人であるバナナたちは少々ステレオタイプではあるものの、文化的にもオーストラリア人らしい暮らしをしている。海のそばに住み、地元のビーチパトロールを行なっているのだ。主役たちのお気に入りの食べ物は「イエローゼリー」だが、その中身や効能については明らかにされていない。このシリーズにはほかにもよくわからない点が多々ある。なぜバナナたちがパジャマを大好きかもそのひとつだ。番組開始以来、バナナが毎回口にする決まり文句となった。「ぼくと同じこと考えてる、B1?」「きっとね、B2」はあらゆる年代の視聴者に通用する決まり文句となった。回を重ねるごとに『バナナ・イン・パジャマ』のファンは増え、1995年には海外でも放送されることになった。じつに不思議なことだが、シリーズは大成功を収め、現代の子供向け大衆娯楽の世界でバナナの占める地位は、この番組により確固たるものになった。

20世紀の子供向け物語の中には、ほかにもバナナを重要なファクターに、少々政治的批判も込めたかなり奇抜なものがある。そのひとつが、のちにアニメシリーズにもなったイギリスの連載マンガ『バナナマン』である。1980年2月にナッティ誌で連載が始まったこのマンガは、ディヴ・ドナルドソンとスティーヴ・ブライトが創作し、ジョン・ギアリングがその後を引き継いだ。スーパーマンやバットマンといった大人のスーパーヒーローものの明らかなパロディで、マーベルマンにも似ている。(11)

物語はナッティタウン（ナッティ誌の廃刊後、ダンディ誌に発表されるようになってからは、ダンディタウンに改名された）アカシアロード29番地に住むごく平凡な男子生徒エリック・ウィンプを中心に展開する。エリックはバナナを食べるとバナナマンに変身する。ぴったりした青と黄色のコスチュームに誇らしげに身を包んだ大人のスーパーヒーローだ。おなじみチキータ・バナナのトレードマークと同じ色である。彼の黄色いマントは、当然のことながらバナナの皮そっくりだ。

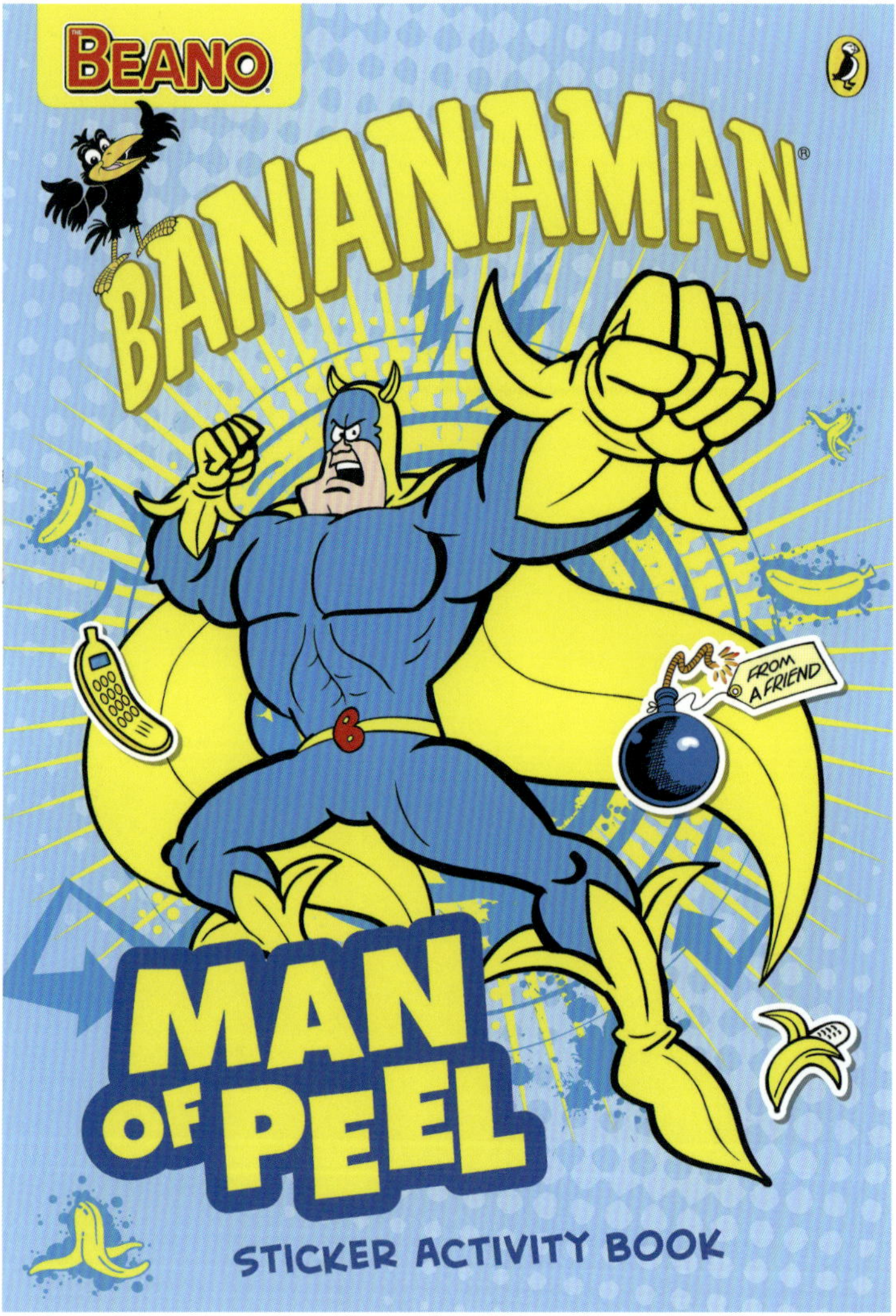

バナナマンのシールブック

バナナマンには超人的な力があり、空を飛ぶこともできるし、どんな武器でも死なない。そして力を使い果たす心配もない。特別な力が必要になったときには、もっとバナナを食べればすぐに力がみなぎってくるからだ。バナナを届けてくれるのは彼の忠実なペットで若干嫌味なカラスだ。実際、バナナマンが頑張れるのはすべてバナナのおかげで、必要な力はすべてバナナが補充してくれる。ふだんのエリックはいじめられっ子だが、バナナを食べると強くエネルギッシュなスーパーヒーローになり、どんな敵にも必ず勝つ。

バナナマンというマンガには「広告」「パロディ」「反いじめ啓発」の側面がある。子供たちに力と独立の同意語である健康的なおやつ、すなわちバナナを食べるよう勧めているのは言うまでもない。このシリーズにみられるイギリス流のユーモアは称賛に値する（バナナマンには自らのイメージを笑いものにしてみせる自虐ユーモアさえあるのだ！）。一見つつましいバナナのイメージを通して、大衆文化において社会政治的な物語がどのように構築されるかを、私たちは『バナナマン』の中に見ることができる。

近年、イタリアの高級服飾ブランド、プラダのデザインにバナナのモチーフが使われたことで、バナナはファッション界における象徴的存在となった。バナナのプリントは2011年にこのブランドに好んで取り上げられ、数多くのブラウスやスカートに使われた。プラダのチーフデザイナー、ミウッチャ・プラダは、バナナ柄を「最小のバロック」と形容し、バナナの大胆なイメージは「ドタバタ喜劇の滑稽さ」を思わせると称賛している。[12] プラダがバナナに関心を示したのは、この果物が歓喜に満ちた欲望や、非常に官能的で性的な経験とつねに結びつけられていることの証だ。そういった欲望や経験にとって、日常の中で控えめに用心深くアピールするバナナは、もっともぴったりくる化身なのだ。

◉セクシー・バナナ

バナナとセックスの象徴的な関係は、19世紀欧米の大衆文化に始まったと言われる。上品ぶった堅苦しいヴィクトリア世界にバナナが広まった際、人々はその形が陰茎に似ていることにほぼすぐに気づいた。バナナを食べることと性交とを思わせぶりに結びつけたジョークやイラストが際限なく広められ、楽しまれた。ある時期には、不届きな行為を連想させるあまりにも「セクシーな」果物だとして、バナナがお堅い団体の標的にされる危険性すらあった。

バナナがあからさまに性と結びつけられることのないように、1890年代末、ユナイテッド・フルーツやファイフスといったバナナ会社は、バナナを食べる上品な女性を写した販売促進用はがきを欧米で配布し始めた。[13] バナナに漂う性的な雰囲気を消し去り、慎み深く食べるよう促すことを意図した堅苦しい写真である。絵はがきの配布に加え、バナナの創作料理を掲載した多くの料理書も推奨された。バナナを家庭的な健全な食べ物として普及させるのがねらいだった。

しかしこのような宣伝では、期待どおりの効果は得られなかった。たしかにバナナと上品な女性とを並べることでバナナの格は上がり、そのおかげでバナナは「害のない」食べ物だとみなされた。にもかかわらず、慎み深く食べることを強調したキャンペーンのおかげで、バナナの陰茎に似た形がかえって注意を引く結果になり、バナナとセックスを結びつける考えは広まり続けたのである。

19世紀末から20世紀初頭にかけて、バナナはエキゾティックな国々を象徴する食べ物であり、そういった国には当然、秘密めいたエロティックな愉悦や欲望があると考えられた。実際、バナナを食べる上品ぶった淑女の絵はがきの敵となったのは、バナナの「セクシーな」外見を強調する別の絵はがきである。ヴィクトリア朝末期や20世紀のもっとあとの時代にイギリスで発行された絵はがきの中には、バナナの「セクシーな」意味をほのめかし、「バナナを手にして」セックスを婉曲的に表現するものもあった。バナナ、エキゾティックな国、自由な時間と強い性的欲求といった一連のイメージは、欧米人がアフリカ、南米、カリブ諸国を描写する際に、長年にわたり強い影響力を与えてきた。そうしたイメージが欧米人の想像力に固定観念として植えつけられ、しばしば普遍の真理として受け入れるようになったのだ(14)。

こういった描写は20世紀に入っても見ることができる。その頃にはすでに女性の体を性愛の対象として見ることとバナナを性愛の対象として見ることは一体化していた。この関係はしばしば人種に対する無礼で侮蔑的なイメージをよりどころにしており、出版物や歌やミュージカルといった大衆文化の中には、アフリカ出身の人々を異常性欲の持ち主と決めつける描写もあった。

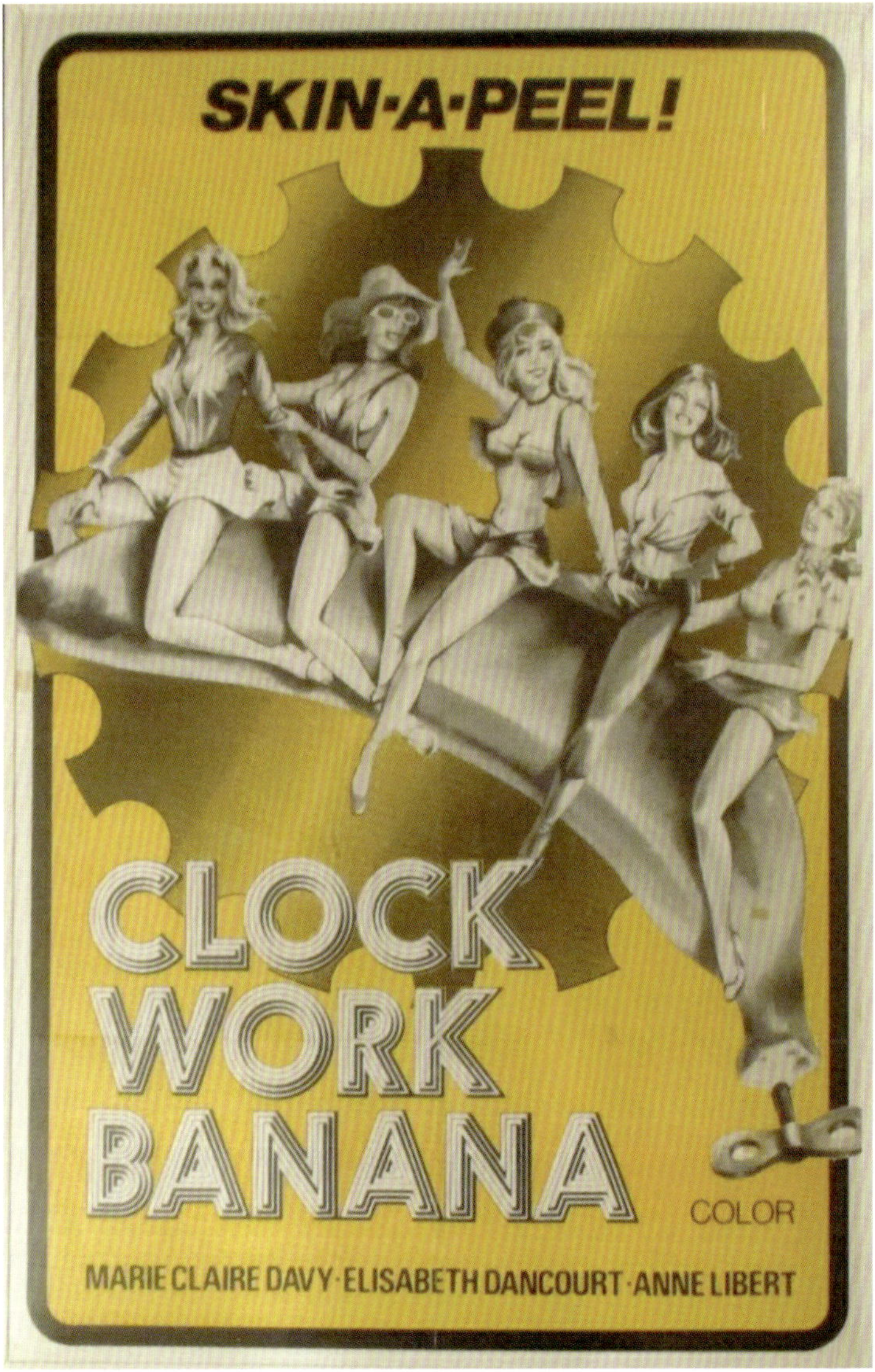

フランスの低予算映画、『時計仕掛けのバナナ』のポスター。1973年。

◉「バナナ・ダンス」

一方、人種差別的なイメージが定着することを恐れながらも、逆にそれを利用して、魅力的なパフォーマンスを見せる芸人もいた。その代表的な例が、ジョセフィン・ベーカーの有名な「バナナ・ダンス」だろう。アフリカ系アメリカ人の歌手兼ダンサー兼女優のベーカーは、セクシーかつ刺激的なパフォーマンスで有名だった。彼女はのちに「黒いヴィーナス」「黒い真珠」といった異名をとることになる。

彼女は１９２０年代と30年代におもに役者としてアメリカやヨーロッパ各地を巡業した。ベーカーのパフォーマンスはすぐに評判になった。裸に近い姿で舞台にあがり、音楽に合わせてとびきりエロティックな動きやダンスを披露したからである。１９２０年代にフランスで彼女の名声が高まったのは、今ではよく知られている「バナナ・ダンス」のおかげだ。彼女は見る者が想像力を働かせるまでもない、小さな作り物のバナナをたくさんあしらった露出度の高いビキニ姿で舞台に現れる。ベーカーが熱狂的に舞台を踊り回ると、バナナは尻の上で挑発するようにぶらついた。ベーカーは「セクシーなアフリカ人」のイメージに堂々とはまり、パフォーマンスの中で、木に登る「褐色の肌をした未開人」を演じることもよくあった。それを見たヨーロッパの白人は最古の大陸にたまらない魅力を感じるのだった。[15]

多くの人々はベーカーのパフォーマンスを、人種に対する偏見を助長するものだとみなしていた

バナナ・スカートをはいて「バナナ・ダンス」を踊るジョセフィン・ベーカー（1927年）

が、一方では彼女を女性解放の象徴と見る者もいた。このようにバナナをエロティックなものとして扱うのは、女性が自分で欲望をコントロールし、思うがままに追求することの表れであり、それが性的解放につながるというのだ。たしかに――女性解放の象徴であったかどうかは別にしても――ベーカーのバナナ・ダンスと衣装は、大衆文化においてバナナをもっとも象徴的に利用した例のひとつであり、エンタテインメントの世界でそれが何度も体現されたことを示している。

1920年代末から30年代にかけて、バナナのセクシーで魅力的なイメージは、魅力的な若い女性と結びつけられて大衆文化に広がり続けた。ベーカーの先例に従うことも多かったが、必ずしも効果的に彼女の魅力を利用できたとは限らない。

その一例が1929年の映画『彼の捕らえし女』だ。これはジョージ・フィッツモーリスが監督し、どう見ても白人のドロシー・マッケイルが主演を務めた。映画の宣伝に盛んに使われたスチール写真では、マッケイルがバナナのスカートをはいている。明らかにベーカーの舞台衣装を連想させるデザインだ。しかしスカートはずっとおとなしく、バナナの数が増え、何層にも連なって体をしっかり覆い隠しているように見えるし、長さも女優の膝に届くほどである。バナナの1本1本のラインを誇示し、ずっとセクシーに作られていたベーカーの「スカート」とはまるで違う。それでもマッケイルのバナナ・ダンスは、「セクシー」でエキゾティックな果物と関係づけることで女性の体を性欲の対象として際立たせようとしていた。少なくとも、もっと文化的に適切な「欧米式の」やり方で官能的な女性ダンサーを開拓しようとしているのは明らかだった。

◉史上もっとも有名なコマーシャルソング

ジョセフィン・ベーカーによって始まった「バナナ・ダンス」現象は、大衆文化の中でバナナを性的な目で見たり、少なくともセクシーさと結びつけたりした唯一の例ではない。もうひとつの有名な例は、「ミス・チキータ」とも呼ばれるチキータバナナに見られる。1944年にチキータ社（当時はまだユナイテッド・フルーツだった）はブランド変更の一環として、覚えてもらいやすい独自なロゴと「顔」を提供しようと、ミス・チキータというキャラクターを誕生させた。同時に発表したチキータ・バナナのコマーシャルソングは、史上もっとも有名なコマーシャルソングのひとつであることはほぼ間違いない[16]。

この歌は広告代理店のクリエイティヴ・ディレクター、ロバート・フォアマンらが、古いピアノを鳴らし、マラカスに見立てたクリップの箱を振って制作したものだ[17]。有名な歌詞はガース・モンゴメリーによるもので、曲はレン・マッケンジーが提供している。1944年録音のオリジナル版を歌ったのはパッティー・クレイトン。「ミス・チキータ」を演じた歌手の第1号である。今日もその歌詞に聞き覚えのある人は多いだろう。生鮮食料品であるバナナの扱い方について歌うことで、宣伝と食べ方の指導を兼ねた役割を果たしている。

私の名前はチキータ・バナナ、ひとこと言わせてちょうだいな

ミス・チキータ・バナナのミニチュア（1951年）

おいしく食べるにゃこつがある
茶色いそばかす、ほのかに金色
一番おいしく、食べごろよ
サラダに入れても
パイに入れても
どんな料理もお好みしだい
バナナに勝るものはない
だけどバナナは熱帯生まれ、暑いところが大好きよ
だから絶対、だから絶対、冷蔵庫には入れないで

コマーシャルソングが初めてラジオで放送されたのち、人気のピーク時には、アメリカのラジオ局で1日に370回以上も曲が流れたという。じつに覚えやすい曲のおかげで、チキータの歌はいきなり大成功を収めた。独特なラテンサウンドが、バナナが生まれた土地のエキゾティックなイメージを連想させたのだ。しかしこの歌詞が、役立つようでいて実際は誤りであることは指摘しておかねばならない。歴史家のヴァージニア・スコット・ジェンキンスによれば、ユナイテッド・フルーツ社がアメリカ中に低温貯蔵庫を多数所有し、バナナを冷蔵していることは周知の事実だったという。(18) しかし本当のことを言えば販売数が減少する可能性がある。ずる賢く作られた歌も台無し

になり、イメージダウンは避けられない。かくして、歌詞が誤りであることはけっして口にされなかった。

しかしミス・チキータのコマーシャルソングは、単に覚えやすい曲だっただけではない。「本物」のミス・チキータ、つまり社のニューフェースを売り出す発射台としての役割も果たした。

ミス・チキータは踊ったり歌ったりする陽気なバナナで、セクシーかつカラフルな赤い衣装にフリルのついたスカートをはいて、頭の上には果物の入った鉢を載せている。ミス・チキータがブラジル人女優カルメン・ミランダをモデルにしているのは想像に難くない。彼女がミュージカルで似た衣装を着ていたのは有名だったし、当時人気の映画スターだったからだ。エキゾティックなダンサーを演じた際、バナナに囲まれたシーンがあったことも知られている。映画『ザ・ギャングズ・オール・ヒア』(1943年)で演じたお決まりの「果物がいっぱいのシーン」は有名だ。映画の中で繰り広げられる明るく派手なショーで、彼女ははるかな国のプランテーションを魅力たっぷりに気取って歩き回り、バナナを満載した巨大な荷車の上に座る。人はここでバナナという食べ物の世界と大衆文化が密接に結びついているのを目の当たりにする。文化史の面から見ても、興行や演芸といった分野とバナナとは切っても切れない関係にあるのだ。

ミス・チキータは魅力たっぷりに踊り、明らかに「エキゾティックな」アクセントで歌い、そうすることで食べ物として、そして経験としてのバナナの魅力を高める。つつましいバナナにそれほどまでセックス・アピールが備わっているとは信じ難いが、ミス・チキータの官能的な赤い唇、誘惑する

映画『ザ・ギャングズ・オール・ヒア』(1943年)で、バナナに囲まれて歌うカルメン・ミランダの象徴的なイメージ。

ような黒く縁どられた目や挑発的なポーズを見れば信じざるを得ない。

何十年にもわたり、ミス・チキータはチキータ社のキャンペーンの先頭に立ち、料理書から電話やエプロンといった記念品にいたるまで、バナナにかかわる製品の販売を宣伝してきた。ミス・チキータの外見はほとんど変化していないが、コマーシャルソングは1999年に作り直された。このとき冷蔵庫についての誤情報は除かれ、消費者ニーズを反映して歌詞も少し現代風になった。

私の名前はチキータ・バナナ、ひとこと言わせてちょうだいな
とっても簡単、たっぷり栄養
チキータ食べれば、それでオーケー

バナナ風味の菓子ティクタク。映画『ミニオンズ』（2015年）封切りに合わせて製造された。

ヘルシーな一日の始まりよ
黄色い三日月バナナには
ビタミンたっぷり、とってもおいしい
脂肪もないから、天下一品
食べれば気分もよくなるわ
母なる自然の贈り物、食卓に自然を添えましょう
安全ヘルシー、清らかバナナ
チキータラベルを探してね！

コマーシャルソングを有名にしたラテンサウンドは、最新版では著しく抑えられ、セクシーさやエキゾティックさも和らぎ、なごやかで地味な感じになっている。ミス・チキータが歌い届けるメッセージも少々変わったが、その影響力は今なお強い。ミス・チキータ自身が大衆文化の象徴となったのだから、営利事業がそのイメージを重視するのも当然だ。

２０１３年の映画『怪盗グルーのミニオン危機一発』では、この歌のパロディがおなじみのミニオンたちによって歌われる。

彼らはチキータ・バナナの格好をまねて、果物を載せたヘッドドレスまでつけている。実際、バナナほどさりげなく性愛と関連づけられた食べ物はほかにない。ミス・チキータのキャンペーンはこの隠しようのない暗黙の事実をうまく利用したのだと言えよう。

◉バナナの皮ですべる

大衆文化におけるバナナといえば、もっとも有名なのが、おそらくフィジカル・コメディ［体を張ったコメディのこと］に登場するバナナだろう。象徴的な「バナナの皮ですべる」ギャグだ。このばかばかしい行為には、バナナを芸能の一部として利用してきた長い歴史がある（もちろん、バナナの歴史としてはかなり最近の話になるのだが）。フィジカル・コメディは喜劇の最古の形態のひとつと考えられている。記録によると、始まりは紀元前2500年にさかのぼる。古代エジプトの芸人は、互いにひっぱたきあって笑わせていたらしい。[19] こういった大昔の例を見ても、フィジカル・コメディがシャーデンフロイデ、つまり他人の災難をねたにして喜ばせるものだったことがわかる。

何世紀も経過するうちにフィジカル・コメディは進化し、さまざまなギャグが誕生するようになった。通常は聖職者といった社会の特定のグループを風刺することで笑いを誘った。19世紀にはドタバタ喜劇が大人気となり、イギリスとアメリカ双方の喜劇役者がドタバタ喜劇を本物の芸術作品に変えた。すべる、平手打ちをする、そしてもちろん舞台で倒れることが喜劇的パフォーマンスのきわみとみなされた。

バナナの皮のギャグがフィジカル・コメディのレパートリーに加わったのは19世紀になってからのことだ。その起源を見つけるにはアメリカに旅しなければならない。アメリカにバナナが大量に輸入されるようになったのは1866年のことだ。この年、貿易商のカール・B・フランクがニューヨークの街角でこの黄色い果物を売る会社を始めている。バナナはおもにパナマ産のグロスミッチェルだった。もちろん、バナナがアメリカの海岸に到着したのはこれが最初ではない。19世紀初頭に南米から戻った船乗りたちが、熱帯の果物をみやげとして故国に持ち帰ったことはよく知られている。それにもかかわらず、バナナをアメリカに商業的に輸入したのは、フランクの会社が最初だった。

当時バナナは1本ずつホイルに包んで売られていた。客の気を引くにはうまいやり方である。好奇心の強い客はバナナがどんなものかを見たくて購入するからだ。言ってみれば新鮮なバナナを食べるのは、好奇心を満たしたあとのおまけのようなものだった。けっして安価なおやつではなかったにもかかわらず、バナナはたちまちのうちに屋台で人気の食べ物になった。

バナナの人気が出ると、町のあちこちでゴミ箱が不足していたこともあって、通りにはバナナの皮が大量に捨てられ、忙しい通行人を悩ませることになった。通りに残された皮は腐り、腐るとすべりやすくなるということがしばしば報じられた。やがてバナナの人気はニューヨークからアメリカの他地域へと広がり、「バナナの皮問題」は国民的関心事となった。すぐに問題をめぐって世論が沸騰し、当時社会問題を取り上げていたいくつかの出版物が、捨てられたバナナの皮がいかに見苦しく危険であるかに着目した。
1879年、ハーパーズウィークリー誌は、バナナの皮を道端に捨てる人は他人の迷惑を考えていないと非難する記事を掲載している。この雑誌は「誰であれ、歩道にバナナの皮を捨てる者は公衆道徳に反しており、他人の手足を骨折させる犯人となる可能性が非常に高い」と主張した。[20] 19世紀末に人気の高かった雑誌とはいえ、この発言はあまりに過激に思われるかもしれない。だが全米の多くの都市で、バナナの皮にすべって転び、手足を折って病院に運ばれたケースが実際にいくつも報告されている。多くの人々がバナナでひどい目にあい、それを歌った詩や流行歌が登場し始めた。バラッドのスタイルで歌った滑稽な五行詩は、作者が匿名である場合も多かったが、特に人気があった。

ハンナという娘が、
バナナの皮ですべった。
横向きに倒れると
彼女の目からは星が出た
星条旗よりもずっとたくさんの星が出た
紳士が助けに駆け寄った。

ヴォードヴィルの芸人ローズ・ベーコンは、出し物に必ずバナナを使った。1900年代初頭。

手袋と腕輪を拾ってやった。

「転んだんですか、お嬢さん」

「面白半分に座っているように見えまして?」

娘は答えた。(21)


捨てられたバナナの皮の危険性を問題視する声があまりに高まったため、セントルイスでは1909年、バナナの皮を公道に「投げ捨てること」が法律で禁じられた。バナナの皮が通りに散乱しているのは、明らかに楽しい眺めではない。最終的にニューヨークのバナナの皮問題が解決したのは、アメリカの他の地域と同じく、20世紀初頭になってからのことだった。南北戦争の英雄ジョージ・ウェアリング大佐が公的機関を率いて対処に乗り出したのである。彼は制服に身を包んだ「ホワイト・ウィングス」と呼ばれる労働者を組織して街路を掃除させ、腐ったごみを捨てさせた。(22)危険な皮は地元当局によって街路から一掃されたものの、この悪魔の果物が持っている喜劇的要素に、当時成功していた舞台のコメディアンたちが目をつけないはずはなかった。

「バナナの皮のギャグ」が初めて登場したのは20世紀初めのことである。ちょうどバナナの皮がアメリカの都市から一掃されつつあった時期だ。当時の芸人ビリー・ワトソン(のちに「スライディング・ビリー・ワトソン」と呼ばれるようになる)が、「バナナの皮ですべる」パフォーマンスを最初にやったと言われている(少なくともスライディング・ビリーは、このギャグの発明者は自分だと自負していた）。たしかに、以来この主張に異議を唱えた者はいない。噂によればワトソンは、バナナの皮ですべった不運な人物を目撃したのだという。その人物は大怪我をしたらしいが、スライディング・ビリーは事件からインスピレーションを得て、自分の芸でそれを再現してみせた。

このギャグは大爆笑を呼んで評判となり、寄席演芸における「しくじり（pratfalls）」というジャンルで人気の出し物のひとつに加わった。これはフィジカル・コメディの中でも、演者が尻もちをつくというものだ。この言葉は16世紀イギリスで使われた「尻（prat）」という言葉からきている。スライディング・ビリーが舞台の上ですべりまくっていた頃、やはり喜劇役者のカル・スチュワートも彼が演じていた人気キャラクター「アンクル・ジョッシュ」にバナナの皮のギャグを入れ、人気を得ていた。１９０３年に録音された演目「デパートのアンクル・ジョッシュ」では、街路に散らかったバナナの皮ですべるネタを披露している。

20世紀初頭に映画の時代が到来すると、これは視覚に訴えるフィジカル・コメディにとって理想的なメディアとなった。チャーリー・チャップリン、ハロルド・ロイド、バスター・キートンといった俳優が映画芸術を洗練させた。映画史研究家ノエル・キャロルが言うところの「茶目っ気のあるサイト・ギャグ［話術ではなく視覚的手段で伝えるギャグ］」の魅力を、彼らは余すところなく活用した。バナナの皮ですべるギャグでは、「歩道にはなんら危険はないと主人公は思い込んでいるが、見ている私たちはバナナの皮があることを知っている。その対比が面白いのだ[23]」。

サイレント時代には、バナナの皮にからむギャグシーンが数多く作られた。チャップリンは『アルコール先生海水浴の巻』（1915年）で初めて、映画でこのギャグを披露したと言われる。劇中、彼の有名なキャラクター「浮浪者」が、バナナの皮を意味もなく床にぽいと捨てる。そしてあとでうっかりそれにすべって転ぶことになるのだ。1917年にはハロルド・ロイドも、『ロイドの浮気者』にバナナの皮で人がユーモラスにすべる場面を登場させている。物語の設定は単純だ。ロイドがレストランでバナナを食べたあと、予想どおり床に皮を捨てる。食事マナーでロイドの人品を判断していた慇懃《いんぎん》無礼《ぶれい》なウェイターが、バナナの皮にすべってコミカルに転ぶ。

このギャグの進化形は、バスター・キートンが『キートンのハイ・サイン』（1921年）で完成させた。劇中、キートンは通りでバナナの皮にすべって転ぶ。キートンの有名な無表情と天才的な演技力がこのギャグを大いに盛り上げる。これにより、フィジカル・コメディは非常に進化した表現と結びついた。10年とは言わないまでも、長年にわたりバナナの皮のギャグは映画に使われ、喜劇映画に不可欠な要素であり続けた。

他の有名な俳優ではローレル&ハーディが、トーキー［映像と音声が同時に流れる映画］後もこのギャグを映画に取り入れている。好例とも言うべき1927年の『世紀の対決』では、バナナの皮のギャグが思いがけず派手なパイ投げへと発展していく。パイ投げも当時人気のドタバタで、フィジカル・コメディのレパートリーのひとつだった。ハーディはとりわけバナナのギャグが好きで、『何から何まで』（1927年）や『ハリウッド・レヴィュー』（1929年）といった映画で、バナナの皮ですべる場面を披露している。[24]

もっと最近の映画でバナナのギャグを再現したものには、『スリーパー』（1973年）や『アダム・サンドラーはビリー・マジソン／一日一善』（1995年）などがある。もはや現代の映画ではさほど頻繁に使われる手法ではないものの、バナナの皮のギャグは広く親しまれてきた。フィジカル・コメディの同義語として定着していると言っていいだろう。皆、バナナの皮がすべりやすいのは当然で、疑う余地のない事実とみなしているのだ。

しかし不滅の人気にもかかわらず、バナナの皮で人は本当にすべって転ぶのだという証拠はほとんどない。これまで信じられてきたことが真実か、あるいは誤りかを検証する試みが、2009年にディスカバリー・チャンネルの番組『怪しい伝説』で放送されたのはよく知られている。実験は、大衆文化において長年信じられてきたように、バナナの皮は本当にすべりやすいのかを検証するために企画された。床の上にバナナの皮が一枚置かれ、この番組の名物キャスター、アダムがその上を歩いたが、まったくすべらない。しかし大量のバナナの皮がコンクリートの床に置かれると不運なアダムは派手にすべり、バナナの皮がすべりやすいことが実証された。実験では、一枚のバナナの皮でもすべること、あるいは怪我につながる転倒を引き起こすことはまったく確認されなかったものの、それでも大量の皮が集まるとすべりやすくなることは実証された。つまり、伝説は嘘ではなかったのである。

何世紀もの間、科学的・文化的障害を切り抜けて生き残ってきた、そして欧米の大衆文化の重要な部分であり続けてきた有名な喜劇的ギャグに、私たちは敬意を払うほかない。バナナの皮のギャグは事実に基づいていると信じ続けたほうがおそらくよいだろう。なぜなら、過ぎ去った時代への罪のない郷愁に私たちを誘ってくれるこのギャグを、不確かだという理由だけで却下するのはあまりに忍びないからである。

終章◉バナナは世界を変える

多くの歴史学者、経済学者、植物学者、運動家が、しばしばバナナを「世界を変えた果物」と呼ぶ。主張の根拠を知るのは難しいことではない。実際バナナは、数千年にわたり発展を遂げてきた人間社会のさまざまな側面とかかわりあってきたように思われる。バナナは何千年もの間、栄養源となり、さまざまな料理に利用され、地球の多くの領域や人々にとって欠かせない食べ物であり続けた――たとえ繁栄してきた状況や、その背後にある理由が、一般的には好ましいものではないとしても。しばしば「万人から愛される果物」と評されてきたバナナは、農業や商業において革新的な役割を果たすとともに、文化の発展をも導き、さらにはさまざまな議論の的にもなってきた。

解放と搾取、子供時代の思い出や性愛の象徴であるバナナは、単なる栄養価の高い食品以上の存在だ。大衆的で誰にでも好かれ、気取りがなく平凡なバナナは、著しくつかみどころのない存在でもある。調べれば調べるほど、仲間意識だけでなく敵意も生み出す社会経済や文化の話とバナナの関係にますます気づくことになるだろう。

バナナにまつわる話は——どれも本質的にグローバルなものだが——今でもまだ進行形だ。バナナの文化的な価値は絶えず変化している。最終報告をするにはまだ早い。バナナの植物学上の分類が変わったように、バナナの取り引きや人々の生活とのかかわり方も同様に変化している。私たちにできるのは、せいぜい歴史という大河の水面《みなも》に現れるさまざまな断片を楽しむことくらいだ。

バナナの歩んできた道を直線で示そうとしても、結局は失敗に終わる。バナナは変容する果物のようだ。ひとつの「歴史」などなく、幾多の年代記の中で繁栄と消滅を繰り返し続ける。バナナは単に世界的に親しまれているだけの果物ではない。その果実の中に世界を隠しているのだ。

謝辞

本書を執筆する機会を与えてくれたリアクション・ブックス社のマイケル・リーマンと、シリーズの編集者アンドリュー・F・スミスには深く感謝している。今回の仕事は非常に励みになった。本書を執筆するまで、私はバナナの文化史や世界史についてかなり知っているつもりでいたが、それほどでもなかったことがよくわかった。

ワシントンバナナ博物館のアン・ラヴェルがコレクションの貴重なバナナの写真を使わせてくれたこと、博物館を維持するために多大な努力を払っていることに感謝している。また、本書を執筆する時間を与えてくれたオークランド工科大学に、そしてこの仕事に関心を持ち続けてくれた（そしてここぞというときに笑わせてくれた）同僚たちや学生たちにも感謝したい。国際的な学術ネットワークのすべての研究者の方々が支援と励ましを与えてくれたことにも、特別な謝意を捧げたい。

友人や家族の支援がなければ、私は本書を書き上げることはできなかった。本当にありがたく思っている。とりわけ、心からの感謝を夫ロブ・ファーネルに捧げたい。彼はいつも私が落ち込んでいるときに光明をもたらしてくれた。

訳者あとがき

本書、『バナナの歴史 *Banana: A Global History*』は、さまざまな食材や料理の歴史について読み解く「食」の図書館シリーズの一冊だ。イギリスの Reaktion Books から刊行されている原シリーズ（The Edible Series）は、2010年、料理やワインについての良書を選定するアンドレ・シモン賞の特別賞を受賞している。また、本書の著者ローナ・ピアッティ＝ファーネルは、同シリーズの『牛肉の歴史』の著者でもある。

数千年の歴史を持つバナナは、どのように人間とかかわってきたのだろうか。栄養満点で栽培も容易なバナナを欠かせない食材としている地域は多い。そういった地域にバナナが登場する神話や民話が数多く見られるのも、バナナがいかに重要な産物であったかの証だろう。幸福感をもたらす甘さ、手で皮を剝いて食べられる簡便さ、かわいくてユーモラスな形のバナナが世界中で愛される果物になったのは当然のことと思われる。その大衆性ゆえに、そして南国に対するいささかステレオタイプのイメージとセクシーな外見ゆえに、バナナはさまざまな大衆文化と結びついてもきた。大衆に愛されたのは果実の中身だけではない。食べたあとの皮はギャグのネタとなり、もう百年以上も人々を笑わせてきた。本書では触れられていないが、バナナの皮がなぜ滑りやすいかについては、北里大学の馬渕清資教授が研究し、2014年のイグノーベル賞（物理学賞）を受賞している。この賞は「人々を笑わせ、考えさせてくれる研究」に授与されるが、馬渕教授はもともと人工関節の研究者で、バナナが滑るメカニズムは人工膝関節の設計にも関係があるというのだから、バナナの皮もなかなか捨てたものではない。実や葉だけではなく、皮も人間の役に立っているのだ。

日本へのバナナの商業的輸入が始まったのは20世紀初めのことだという。地理的な関係で、戦前のバナナは台湾から輸入されていた。欧米と同様に当初は非常な贅沢品で、昭和期に入り、庶民の手が届くようになっても、そうそうめったに口に入るものではなかったようだ。昭和30年代に入り輸入が自由化されると、南米やフィリピンからのバナナが大量に出回るようになり、値段も手ごろになった。もはやバナナは高級な贈答品ではない。スポーツや遠足のお供に、ヨーグルトやシリアルのトッピングに、果ては縁日の屋台で売られているチョコバナナにいたるまで、日本人にとって日常的な果物となった。総務省の調査によると、最近ではバナナの年間消費量がリンゴやミカンを抜いてトップに立っているという。数年前には朝バナナダイエットが流行し、一時はスーパーの店頭からバナナが消える事態にまで発展したのは記憶に新しい。

ところが、これとは異なる原因でバナナが姿を消すのではないかと危ぶまれている。2016年5月半ば、ショッキングなニュースが流れた。テレビでも新聞でもかなり大きく扱われたので覚えておられる方も多いだろう。新たなパナマ病がフィリピンをはじめとする世界各地で猛威を振るい、ミンダナオ島ではすでに20パーセントのバナナが感染しているという。「世界の食卓からバナナが消える可能性もある」とかなり深刻な論調でニュースは被害の拡大を伝えていた。そして本書にもあるとおり、バナナの敵はパナマ病だけではない。さまざまな寄生生物や病原菌がバナナを狙っているのだ。かつてグロスミッチェルのあとをキャベンディッシュが受け継いだように、なんとか病害虫に強いバナナの新たな後継品種が生まれてくれることを願ってやまない。

本書の刊行にあたっては、多くの方々にお世話になった。とくに原書房の中村剛さん、本書を訳す機会を与えてくださったオフィス・スズキの鈴木由紀子さんに、この場を借りて心からの感謝を申し上げたい。

2016年11月

大山晶

Under the following conditions:

- attribution – readers must attribute the images in the manner specified by their authors or licensors (but not in any way that suggests that these parties endorse them or their use of the work).

写真ならびに図版への謝辞

図版の提供と掲載を許可してくれた関係者にお礼を申し上げる。

© The Banana Museum, photo Erica MacKenzie: pp. 47, 48, 49, 64, 67, 80, 90, 91, 92, 99, 103, 107, 116, 120, 122, 123, 124, 126, 142, 146, 155; Bananaman ® © DC Thomson & Co. Ltd. 2015: p. 138; © DACS 2015: p. 53; © Lorna Piati-Farnell: pp. 10, 21, 71, 98, 135, 151; Michael Leaman: p. 66; Shutterstock: p. 6 (Andrejs Zavadskis).

Divya Kudua, the copyright holder of the image on p. 74, Whitney, the copyright holder of the image on p. 83, Glen MacLarty, the copyright holder of the image on p. 86 have published them online under conditions imposed by a Creative Commons Attribution 2.0 Generic license; Charles Haines, the copyright holder of the image on p. 76下 has published it online under conditions imposed by a Creative Commons Attribution-Share Alike 2.0 Generic license; Krugen, the copyright holder of the image on p. 73 has published it online under conditions imposed by a Creative Commons Attribution-Share Alike 4.0 International license; German Federal Archives, the copyright holder of the image on p. 45, has published it online under conditions imposed by a Creative Commons Attribution-Share Alike 3.0 Germany license; Thelmadatter, the copyright holder of the image on p. 23, Adam Jones, the copyright holder of the image on p. 34, Frank C. Müller, the copyright holder of the image on p. 70, Arnaud 25, the copyright holder of the image on p. 79 have published them online under conditions imposed by a Creative Commons Attribution-Share Alike 3.0 Unported license, Warut Roonguthai, the copyright holder of the image on p. 15 has published it online under conditions imposed by a Creative Commons Attribution-Share Alike 3.0 Unported, 2.5 Generic, 2.0 Generic and 1.0 Generic license and a GNU Free Documentation License.

Readers are free:

- to share - to copy, distribute and transmit these images alone
- to remix – to adapt these images alone

参考文献

Bane, Theresa, *Encyclopedia of Fairies in World Folklore and Mythology* (Jefferson, KY, 2013)

Bockris, Victor, *Up-tight: The Velvet Underground Story* (London, 2009)

Bucheli, Marcelo, *Bananas and Business. The United Fruit Company in Colombia, 1899-2000* (New York, 2005)

Carrigan, Ana, *The Palace of Justice: A Colombian Tragedy* (New York, 1993)

Carroll, Noel, 'Notes on the Sight Gag', in *Comedy/Cinema/ Theory*, ed. Andrew Horton (Berkeley, CA, 1991), pp. 25-42

Chapman, Peter, Bananas. *How the United Fruit Company Shaped the World* (Edinburgh, 2007)

Cohen, Rich, *The Fish that Ate the Whale. The Life and Times of America's Banana King* (London: 2012)

Crowley, Daniel J., *I Could Tale Old-Story Good: Creativity in Bahamian Folklore* (Berkeley, CA, 1983), vol. XVII

Dance, Daryl Cumber, *Folklore from Contemporary Jamaicans* (Knoxville, TN, 1985)

Davidson, Alan, *The Oxford Companion to Food* (Oxford, 2006)

Eagen, Rachel, *The Biography of Bananas* (New York, 2006)

Gates, Henry Louis and Evelyn Brooks, eds, *African American Lives* (Oxford, 2004)

Gustafson, Ellen, *We the Eater: If We Change Dinner, We Can Change the World* (New York, 2014)

Harpelle, Ronald N., *The West Indians of Costa Rica: Race, Class and the Integration of an Ethnic Minority* (Montreal, 2001)

Hendrickx, Katrien, *The Origins of Banana-fibre Cloth in the Ryukyus, Japan* (Leuven, 2007)

Hunter, David, *From Cincinnati: Getaways Less than Two Hours Away* (Guilford, CT, 2003)

Huxley, Anthony, New RHS Dictionary of Gardening (Basingstoke, 1992), Vol. III

Koeppel, Dan, Banana: *The Fate of the Fruit That Changed the World* (London, 2008) [『バナナの世界史——歴史を変えた果物の数奇な運命』ダン・コッペル著　黒川由美訳　太田出版　2012年]

Lamb, Harriet, *Fighting the Banana Wars and other Fairtrade Battles* (London, 2008)
Larousse Gastronomique (London, 2007) [『新ラルース料理大事典』ジョエル・ロビュション他著　辻調理専門学校／辻静雄料理研究所訳　同朋舎メディアプラン　2007年]
Leandicho Lopez, Mellie, *A Handbook of Philippine Folksore* (Quezon City, 2006)
Leeming, David, *A Dictionary of Asian Mythology* (Oxford, 2001)
McElvaine, Robert S., *The Great Depression: America, 1929-1941* (New York, 1984)
Menton Linda K. and Eileen H. Tamura, *A History of Hawaii* (Honolulu, HI, 1999)
Morton, Julia, *Fruits of Warm Climates* (Brattleboro, NC, 1987)
Myers, Gordon, *Banana Wars. The Price of Free Trade* (New York, 2004)
Nikiforuk, Andrew, *Pandemonium: Hon Globalization and Trade are Putting the World at Risk* (St Lucia, 2006)
Parry, Becky, *Children, Film and Literacy* (Basingstoke, 2013)
Roberts, Margaret, *Edible and Medicinal Flowers* (Claremont, CA, 2000)
Scott, Nathan Kumar, *The Sacred Banana Leaf* (Chennai, 2008)
Sen, Soumen, *Khasi-Jainia Folklore: Context, Discourse and History* (Chennai, 2004)
Slide, Anthony, *The New Historical Dictionary of the American Film Industry* (New York, 2013)
Small, Ernest, *Top 100 Food Plants. The World's Most Important Culinary Crops* (Ottawa, 2009)
Smith, Andrew F., ed., *The Oxford Companion to American Food and Drink* (Oxford, 2007)
Soluri, John, *Banana Cultures: Agriculture, Consumption and Environmental Change in Honduras and the United States* (Austin, TX, 2005)
Starchild, Adam, *The Amazing Banana Cookbook* (Los Angeles, CA, 2004)
Striffer, Steven and Mark Moberg, eds, *The Banana Wars: Power, Production and History in the Americas* (Durham, NC, 2003)
Thompson, Krista A., *An Eye for the Tropics: Tourism, Photography and Framing the Caribbean Picturesque* (Durham, NC, 2006)
Thurlow, Clifford, *The Amazingly Simple Banana Diet* (London, I995)
Webb, Lois Sinaiko, *Multicultural Cookbook of Life-cycle Celebrations* (Westport, CT, 2000)
Westervelt, William Drake, *Legends of Gods and Ghosts: Hawaiian Mythology* (New York, 2014)

Wiley, James, The Banana: *Empires, Trade Wars and Globalization*（Lincoln, NE, 2008）

レシピ集

人間とのかかわりが長く，料理や文化や経済に重要な地位を占めているにもかかわらず，バナナを主材料にした料理のレシピはあまり伝わっていない。バナナ料理を記録した調理の説明書で19世紀より前のものは，見つけるのが困難だ。それにもかかわらず，欧米の料理界にバナナが到来し定着すると，料理書が山のように出版され，それによりバナナは今日のような一般的な食材となった。

昔の料理書でも現在の料理書でも，バナナはおもに菓子や朝食の一部として登場する。それゆえに，バナナのレシピの調査範囲を欧米諸国以外の料理書に拡大することは意義深い。アメリカとヨーロッパ以外，つまりカリブ諸国や南北アメリカ大陸からアフリカやアジアにかけての，バナナとプランテンを使った現代のレシピはお決まりのものになっているが，だからといって食材としてのバナナの多用途性や，日常とハレの日両方で人間の食事に果たしてきた役割を軽視しているわけではない。

歴史的レシピ

◉バナナ・クリーム

F・L・ジレット夫人，ヒューゴー・ズィーマン著『ホワイトハウスの料理書 *The White House Cookbook*』（1887年）より。

1. バナナの皮をむき，金属もしくは木製スプーンですりつぶす。
2. バナナと同量のクリームを用意する。
3. バナナとクリームを混ぜたもの1リットルにつき100gの砂糖を用意する。
4. 材料をすべて混ぜ，クリームがなめらかになるまでかき回す。

………………………………………………

◉バナナ・アイス

ファースト・ユニテリアン・チャーチ・キリスト教教会『青い料理書 *The Cookery Blue Book*』（1891年）より。

1. バナナ6本，モモ3個，レモン3個，砂糖1リットル，湯1リットルを用意する。
2. 砂糖とレモン果汁に湯を注ぎ，溶けるまでかき回す。
3. 冷めたら薄切りにしたモモとバナナを加え，2時間おく。
4. 固形分が残らないよう，目の細かい裏漉し器で漉す。
5. 冷やし固める。

………………………………………………

◉バナナ・プディング

マリー・ハリス・フレイザー著『ケンタッ

キー・レシピブック *The Kentucky Receipt Book*』(1903年)より。

1. バナナ6本の皮をむき，2.5*cm*幅に切る。オーブン皿に入れ，次の要領で作ったカスタードを流し入れる。
2. カスタードの作り方。牛乳500*cc*，卵黄3個を用意する。卵黄を軽く泡立て，牛乳とグラニュー糖大さじ2を加える。牛乳を火にかけ，卵を加えてとろみがつくまでかきまぜる。
3. カスタードが冷めたらバナナの上からかける。
4. 卵白とグラニュー糖でメレンゲを作ってカスタードの上に載せ，きつね色になるまで数分間オーブンで焼く。
5. 焼きあがったらすぐに供する。

……………………………………………

◉バナナ・フリッター

エリザベス・O・ヒラー著『日曜日のディナー52種 *Fifty-two Sunday Dinners*』(1913年)より。

バナナ…3本
強力粉…1カップ
ベーキングパウダー…小さじ2
塩…小さじ ¼
砂糖…大さじ1
クリームか牛乳…¼ カップ
卵…1個(軽く泡立てておく)
レモン果汁…大さじ ½
シェリー酒…大さじ ½

1. 粉類を混ぜて2回ふるう。
2. 泡立てた卵にクリームを加え，混ぜ合わせる。
3. バナナを裏ごしし，レモン果汁とシェリー酒を加える。
4. 材料をすべて混ぜ合わせ，しっかり攪拌する。
5. 熱したたっぷりの油に，タネを大さじ一杯ずつ落とす。
6. 油を切って粉砂糖をまぶす。

……………………………………………

◉全粒粉のバナナ・プディング

トマス・R・アリンソン著『アリンソンのベジタリアン向け料理書 *The Allinson Vegetarian Cookery Book*』(1915年)より。

細かい全粒粉…ティーカップ2
サゴ(サゴヤシのデンプン)…85*g*
バナナ…6本
砂糖…大さじ1
卵…3個
牛乳…250*cc*

1. バナナの皮をむき，フォークでつぶす。
2. サゴをオーブンまたは鍋に入れ，水250*cc*に浸す。
3. 卵，全粒粉，牛乳で衣を作り，バナナ，砂糖，サゴを加え，なめらかになるまで混ぜる。
4. 油を引いた型に3を流し，2時間蒸す。

現代のレシピ

◉バナナ・チョコレート・クリーム・パイ

プレーンチョコレート（甘くないもの）…1カップ（200*g*）
牛乳…2カップ（450*ml*）
砂糖…¾ カップ（150*g*）
小麦粉…大さじ5
塩…大さじ ½
卵黄…2個分（軽く攪拌しておく）
バター…大さじ1
バニラエキス…大さじ ½
直径25*cm* のパイ皮…1枚
完熟バナナ…2本

1. 牛乳にチョコレートを加えてコンロの上で溶かし，攪拌する。
2. 砂糖，小麦粉，塩を混ぜ，1に加える。
3. とろみがつき，完全に混ざるまでかき回す。
4. コンロの上でさらに10分置き，ときどきかき混ぜる。
5. 4を熱いうちに，かき混ぜながら卵黄に加える。
6. 1分間火にかけ，バターとバニラを加え，火からおろして完全に冷ます。
7. パイ皮を焼き，冷ます。
8. パイ皮に6を詰め，冷ます。
9. 8の上にきざんだバナナを並べ，残りの6を上から流しいれ，バナナを完全に覆う。
10. パイの上にスライスしたバナナを飾り，ホイップクリームを添えて供する。

………………………………………………

◉バノフィーパイ

ペストリー生地…350*g*
コンデンスミルク…2缶（各400*g*）
硬めのバナナ…700*g*
生クリーム（乳脂肪分48% 以上）…375*ml*
粉末インスタントコーヒー…小さじ ½
上白糖…デザートスプーン1
挽きたてのコーヒー…少々

1. オーブンを200℃に温めておく。
2. 25*cm* のフラン型にクッキングシートを敷いておく。
3. 型にペストリー生地を薄く広げ，全体をフォークで刺し，パリッとするまで焼き，冷ます。
4. 深鍋に湯を沸かし，コンデンスミルクの缶を開けないまま沈める。
5. 蓋をして，鍋の水がなくならないよう注意しながら約3時間煮立たせる（その間にミルクはやわらかなトフィーになり，これがパイのフィリングとなる）。3時間経ったら，鍋から缶を取り出し，完全に冷ましてから開ける。
6. クリームにインスタントコーヒーと砂糖を加え，硬くなるまでホイップする。

7. トフィーをペストリーの台の上に広げ，平らにならす。
8. バナナの皮をむいてスライスし，トフィーの上に載せる。
9. クリームをスプーンで載せ，挽いたコーヒーを少々振りかけて仕上げる。

◉ケケ・ファイ（サモアのバナナ・ケーキ）

小麦粉…1½ カップ（210*g*）
ベーキングパウダー…小さじ1
塩…小さじ ¼
バター（やわらかくしておく）…125*g*
砂糖…¾ カップ（150*g*）
卵…2個
バニラ…小さじ1
つぶしたバナナ…1カップ（200*g*）（熟しすぎた中くらいのもの2本くらい）
ベーキングソーダ…小さじ1
温めた牛乳…¼ カップ（55*ml*）

1. 20*cm* のケーキ型を用意し，オーブンを180℃に温めておく。
2. 小麦粉，ベーキングパウダー，塩を合わせてふるう。
3. バターに砂糖を加え，白っぽくふわっとしたクリーム状になるまで攪拌する。
4. バニラと卵を1個ずつ加え，なじむまで混ぜる。
5. ゴムべらを使ってつぶしたバナナを4に混ぜる。
6. 牛乳にベーキングソーダを溶かし，5に加える。
7. 6にゆっくりと粉類をふるい入れ，静かに混ぜ込む。
8. すべての材料が混ざったら，型に平らに流し入れ，45 ～ 50分，あるいは楊枝を刺して何もついてこなくなるまで焼く。

◉ロントン（バナナの葉で包んだマレーシアの米料理）

米…2カップ（400g）
バナナの葉…4枚

1. バナナの葉をやわらかくなるまで手早くゆで，汚れをとって乾かす。
2. 米をとぐ。やわらかくなったバナナの葉を並べ，米を載せる。
3. 米を葉でゆったりと包み，長さ15㎝，幅4*cm* ほどの筒状にする。調理すると米がふくらむので，十分な余裕をとって包むこと。包みがほどけないように，中央を楊枝で留めておく。
4. 包んだ米を水を張った大鍋に入れ，3時間ゆでる。鍋の水がなくならないよう注意すること。
5. ゆであがったら冷まし，薄く切って供する。

◉マトケ（ウガンダのつぶしたグリーン

プランテン)

ピーナッツバター…1カップ(250g)
冷水…2カップ(450ml)
ピーナッツオイル…大さじ2
タマネギ…1個(細かくきざんでおく)
塩…適宜
赤トウガラシ粉末…適宜
グリーンプランテン…4本
熱湯…½カップ(115ml)必要ならもっと

1. ピーナッツバター，ピーナッツオイル，水，タマネギをブレンダー(またはフードプロセッサー)にかける。なめらかになるまで混ぜ，すべての材料が完全に混ざっているかを確かめる。
2. 1を小さなボールに入れ，塩と赤トウガラシ粉末を好みで加える。
3. ナイフでプランテンの皮を縦方向にスライスし，両端を切り落として皮をはぐ。プランテンの実を縦に半分に切る。
4. プランテンを蒸し器に入れ，下の鍋に水を入れ，煮立たせる。沸騰したら蓋をして約15分間，あるいはやわらかくなるまで蒸す。プランテンの質感と硬さを損なわないよう，蒸しすぎに注意すること。長いへらを使ってプランテンを中くらいのボールに移す。
5. ポテトマッシャーを使ってプランテンがなめらかになるまで叩き潰す。ここに熱湯½カップを加え，どろどろになるまでさらに混ぜる。好みで塩を加える。
6. つぶしたプランテンの上からピーナッツソースを糸状にかける。温かいうちに供する。

……………………………………………

◉クルアイ・トート(タイの揚げバナナ)

米粉…¾カップ(105g)
タピオカ粉…¼カップ(35g)
砂糖…大さじ2
塩…小さじ1
白ゴマ…¼カップ(35g)
細切りココナツ(乾燥あるいは冷凍したもの)…½カップ(40g)
水…¾～1カップ(170～225ml)
バナナ(熟れているが硬いもの)…8本
植物油…3カップ

1. 小麦粉，塩，ゴマ，砂糖，細切りココナツをボールに入れる。水を少しずつ加え，どろっとした衣を作る。
2. バナナを横半分に切り，それぞれを縦方向に3つに切る。
3. フライパンに油を入れ，中温に熱する。バナナを手早く衣にくぐらせ，金色になるまで油で揚げる。
4. 好みのきつね色になったら火からおろし，供する。

……………………………………………

◉アラティ・ミ・クーラ(南インドのプランテンのカレー)

プランテン（中）…2本
油…大さじ1
チリパウダー…大さじ1
マスタードシード…大さじ1
ひよこ豆（乾燥）…大さじ2
タマリンドジュース（濃厚なもの）…大さじ2
ヤシ糖…ひとつかみ
青トウガラシ…2本
アサフェティダ…ひとつまみ
カレーリーフ…1枝
ターメリック…ひとつまみ
塩…適宜

1. プランテンの皮をむいて小さく切り，塩を適宜加え，やわらかくなるまでゆでる。ゆであがったら裏ごししておく。
2. 鍋に少量の油を入れ，マスタード，アサフェティダ，乾燥ひよこ豆，ターメリック，青トウガラシを炒める。
3. 2にプランテン，カレーリーフ，チリパウダー，ヤシ糖，タマリンドジュースを加える。
4. かきまぜ，必要に応じて上下を返す。
5. ソースにとろみがついてきたら火からおろし供する。

●スタッフド・プランテン・ボート

プランテン…900*g*（熟した硬いもの，約6本）
油…½カップ（115*ml*）
チェダーチーズ（細かくおろしたもの。他のチーズでもよい）…½カップ（60*g*）

（フィリング用）
オリーブオイル…大さじ2
バター…大さじ1
スコッチ・ボネットまたはハラペニョトウガラシ（種を除きみじん切りにする）…1本
ニンニク（みじん切りにしておく）…2片
赤トウガラシ（種を除きみじん切りにする）…½本
青トウガラシ（種を除きみじん切りにする）…½本
豚ひき肉…225*g*
春タマネギ（薄くスライスしておく）…3個
塩，挽きたてのコショウ…適宜

1. フィリングを用意する。小鍋に油とバターを入れ中温に熱する。トウガラシとニンニクを入れ，30秒ほど炒める。コショウを加えやわらかくなるまで炒める。豚肉を加え，火を通す。春タマネギを加え，塩コショウしてよく混ぜる。
2. プランテンの皮をむく。大鍋に油を入れ，中温から高温に熱する。ただし煙が出ない程度に。プランテンが金茶色になるまで揚げ，適宜ひっくり返す。鍋からあげ，ペーパータオルに載せて油を切る。
3. オーブンを180℃に温めておく。

4. プランテンに縦に切れ目を入れる。ただし切り離してしまわないように注意する。
5. 各プランテンに大さじ3ずつフィリングを詰め，おろしたチーズをふりかける。
6. ホイルで裏打ちされたクッキングシートに詰め物をしたプランテンを並べ，火が通るまで20分焼く。熱いうちに供する。

◉バナナ・バンシー

バナナ・リキュール…15*ml*
クレーム・ド・カカオ（ホワイト）…15*ml*
サクランボ…1個
ウォッカ…15*ml*
生クリーム…45*ml*

1. バナナ・リキュール，クレーム・ド・カカオ，ウォッカ，生クリームをカクテルシェーカーに入れ，よく振る。
2. あらかじめ冷やしておいたグラスに注ぎ入れる。
3. チェリーを載せて供する。

注

序章　バナナの一族

(1) James P. Smith, Vascular Plant Families (Eureka, IL, 1977).

(2) Peter Chapman, *Bananas: How the United Fruit Company Shaped the World* (Edinburgh, 2007), p. 13.

(3) Scot C. Nelson, Randy C. Ploetz and Angela Kay Kepler, 'Musa Species: Bananas and Plantains', Species Profile for Pacific Island Agroforestry (permanent resource, 2006). See http://agroforestry.net, accessed 15 November 2014.

(4) S. N. Pandey and Ajanta Chadha, *A Text Book of Botany: Plant Anatomy and Economic Botany* (New Delhi, 1993), Vol. III, p. 373.

(5) Jeff W. Daniels, Bananas and Plantain, in *Encyclopaedia of Food Sciences and Nutrition*, ed. Luiz Trugo and P. M. Finglas (Amsterdam, 2003). See also www.growables.org, accessed 20 November 2014.

(6) Ibid.

(7) Ibid.

(8) Pandey and Chadha, 4 Text Book of Botany, p. 373.

(9) R. V. Valmayor et.al., eds, *Banana Cultivar Names and Synonyms in South East Asia* (Laguna, 2000), p. 2.

(10) Ibid.

(11) Allen Brodsky, *CRC Handbook of Radiation Measurement and Protection* (West Palm Beach, FL, 1978), p. 620.

(12) Dan Koeppel, *Banana: The Fate of the Fruit that Changed the World* (London, 2008), p. xiii.

(13) Julia Morton, Fruits of Warm Climates (Brattleboro, VT, 1987), p. 31.

(14) Koeppel, *Banana*, p. xiv.

(15) Ibid.

(16) Andrew Nikiforuk, *Pandemonium: Hon Globalization and Trade are Putting the World at Risk* (St Lucia, 2006), p. 128.

(17) A. Barekye et al., 'Analysis of Farmer-preferred Traits as a Basis for Participatory Improvement of East Highland Bananas in Uganda', in *Banana Systems in the Humid Highlands of Sub-Saharan Africa: Enhancing Resilience and Productivity,*

ed. Guy Blomme, Bernard Vanlauwe and Piet van Asten (London, 2014), pp. 3 O-37.

(18) Anthony Huxley, *New RHS Dictionary of Gardening* (Basingstoke, 1992), vol. III, p. 268.

(19) Katrien Hendrickx, *The Origins of Banana-fibre Cloth in the Ryukus*, Japan (Leuven, 2007), p. 99.

(20) Daniells, 'Bananas and Plantain', p. 377. See also www.growables.org, accessed 20 November 2014.

(21) Koeppel, *Banana*, p. XV.

(22) Ibid., p. xvi.

(23) Ibid., p. xvii.

(24) Ernest Small, *Top 100 Food Plants: The World's Most Important Culinary Crops* (Ottawa, 2009), p. 81.

第１章　バナナの歴史、伝説、神話

(1) Jeff W. Daniels, 'Bananas and Plantain', in *Encyclopaedia of Food Sciences and Nutrition*, ed. Luiz C. Trugo and Paul M. Finglas (Amsterdam, 2003), p. 373. See also www.growables.org, accessed 20 November 2014.

(2) The World's Top 10 Largest Producer Countries of Bananas, www.country ranker.com, accessed 25 November 2014.

(3) See www.australianbananas.com.au.

(4) Dan Koeppel, *Banana: The Fate of the Fruit That Changed the World* (London, 2008), p. 15.

(5) Ibid.

(6) See T. P. Denham et al., 'Origins of Agriculture at Kuk Swamp in the Highlands of New Guinea', *Science*, CCCI/5630 (2003), pp. 189-193.

(7) See Jean Kennedy, 'Pacific Bananas: Complex Origins, Multiple Dispersals?', *Asian Perspectives*, XLVII/I (2008), pp. 75-94. See also http:/cwh.ucsc.edu, accessed 20 November 2014.

(8) Ibid.

(9) Judith Carney, 'Seeds of Memory: Botanical Legacies of the African Diaspora', in *African Ethnobotany in the Americas*, ed. Robert Voeks and John Rashford (New York, 2013), p. 19.

(10) Alan Davidson, *The Oxford Companion to Food* (Oxford, 2006), p. 36.

（11） Margaret Roberts, *Edible and Medicinal Flowers*（Claremont, CA, 2000）, p. 6.
（12） Khair Tuwair Said Al-Busaidi, 'Banana Domestication on the Arabian Peninsula: A Review of their Domestication in History', *Journal of Horticulture and Forestry*), V/II（2013）, p . 198.
（13） Clifford Thurlow, *The Amazingly Simple Banana Diet*（London, I995）, p. 7.
（14） キュービットは古代の長さの単位。通常はひじから中指の先までの長さをもとにしている。古代世界ではさまざまな時代によって，キュービットの長さもまちまちだったことが知られている。
（15） Quoted in Thurlow, *The Amazingly Simple Banana Diet*, p. 8.
（16） Al-Busaidi, 'Banana Domestication on the Arabian Peninsula', p. 197.
（17） Ibid., p. 198.
（18） Thurlow, *The Amazingly Simple Banana Diet*, p. 10.
（19） See Al-Busaidi, 'Banana Domestication on the Arabian Peninsula'.
（20） Virginia Scott Jenkins, 'Banana', in *The Oxford Companion to American Food and Drink*, ed. Andrew F. Smith（Oxford, 2007）, p. 34.
（21） See Carney, 'Seeds of Memory'.
（22） Scott Jenkins, 'Banana', p. 35.
（23） See Robert Langdon, 'The Banana as a Key to Early American and Polynesian History', *The Journal of Pacific History*, XXVIII/I（1993）, pp. 15-35.
（24） Scott Jenkins, 'Banana', p. 34.
（25） Jules Verne, *Around the World in 80 Days*（London, 2000）, p. 47.
（26） Ronald N. Harpelle, *The West Indians of Costa Rica: Race, Class and the Integration of an Ethnic Minority*（Montreal, 2001）, p. 15.
（27） Scott Jenkins, 'Banana', p. 34.
（28） See www.bananamuseum.com, accessed 10 November 2014.
（29） Rachel Eagen, *The Biography of Bananas*（New York, 2006）, p. 21.
（30） Scott Jenkins, 'Banana', p. 34.
（31） David Leeming, *A Dictionary of Asian Mythology*（Oxford, 2001）, p. 165.
（32） Koeppel, *Banana*, p. 3.
（33） Ibid., p. 4.
（34） Ibid., p. 6.
（35） Ibid., p. 7.
（36） Theresa Bane, *Encyclopedia of Fairies in World Folkfore and Mythology*（Jefferson, NC, 2013）, p. 208.

(37) William Drake Westervelt, *Legends of Gods and Ghosts: Hawaiian Mythology* (New York, 2014), p. 47.
(38) Mellie Leandicho Lopez, 4 Handbook of Philippine Folklore (Quezon City, 2006) , p. 158.
(39) 'Filipino Folktales', www.tagaloglang.com, accessed 20 November 2014.
(40) See Nathan Kumar Scott, *The Sacred Banana Leaf* (Chennai, 2008).
(41) Daniel J. Crowley, *I Could Tale Old-Story Good: Creativity in Bahamian Folklore* (Berkeley, CA, 1983), Vol. XVII, p. 82.
(42) Daryl Cumber Dance, *Folklore from Contemporary Jamaica* (Knoxville, TN, 1985), p. 26.

第2章　バナナを味わう

(1) Virginia Scott Jenkins, Banana, in *The Oxford Companion to American Food and Drink*, ed. Andrew F. Smith (Oxford, 2007), p. 34.
(2) *Larousse gastronomique* (London, 2007), p. 71.
(3) Ibid., p. 72.
(4) See Adam Starchild, *The Amazing Banana Cookbook* (Los Angeles, CA, 2004).
(5) Ellen Gustafson, *We the Eaters. If We Change Dinner, We Can Change the World* (New York, 2014), p. x. See also Lois Sinaiko Webb, *Multicultural Cookbook of Life-cycle Celebrations* (Westport, CT, 2000), p. 15.
(6) Scott Jenkins, 'Banana', p. 35.
(7) Theodore Weicker, *Merck's Report: A Practical Journal of Pharmacy as a Profession and a Business* (Whitehouse Station, NJ, 1907), Vol. XVII, p. 164.
(8) Bruce Steele, 'With a Cherry on Top: Pitt Fetes Alum's Creation of Banana Split', *Pittchronicle* (25 August 2004), www.news.pitt.edu.
(9) David Hunter, Day Trips from Cincinnati: Getaways Less than Two Hours Away) (Guilford, CT, 2003) , p. 134.
(10) See Robert S. McElvaine, *The Great Depression: America, 1929-1941* (New York, 1984).
(11) Scott Jenkins, 'Banana', p. 35.
(12) 'Banoffi Pie', www.hungry monk.co.uk, accessed 17 November 2014.
(13) 'The Completely True and Utter Story of the Banoffi Pie', www.iandowding.com, accessed 17 November 2014.
(14) Steve Lee, 'Hungry Monk Dishes out the Humble Pie', *The Daily Telegraph* (4

May 1994）, www.banoffee.co.uk.

第３章　バナナ取り引きの歴史

(1) Marcelo Bucheli, *Bananas and Business. The United Fruit Company in Colombia, 1899–2000* (New York, 2005), p. 46.

(2) James Wiley, *The Banana: Empires, Trade Wars and Globalization* (Lincoln, NE, 2008), p. 15. See also Ronald N. Harpelle, *The West Indians of Costa Rica: Race, Class and the Integration of an Ethnic Minority* (Montreal, 2001).

(3) Rich Cohen, *The Fish that Ate the Whale: The Life and Times of America's Banana King* (London, 2012), p. 101.

(4) Pedro Arias, Cora Dankers, Pascal Liu and Paul Pilkauskas, *The World Banana Economy, 1985-2002* (Rome, 2003), p. 75.

(5) Linda K. Menton and Eileen H. Tamura, *A History of Hawaii* (Honolulu, HI, 1999), p. 186.

(6) See www.dole.co.th, accessed 19 November 2014.

(7) 'What's a SuperKid?', www.dole.com, accessed 18 November 2014.

(8) Gordon Myers, *Banana War. The Price of Free Trade* (New York, 2004), p. 5.

(9) Ibid., p. 9.

(10) 'The Fyffes Label', www.fyffes.com, accessed 19 November 2014.

(11) 'Mozambique President Pays a Visit to Fyffes', www. freshplaza.com, accessed 16 November 2014.

(12) Marcelo Bucheli, 'Banana Wars Maneuvres', *Harvard Business Review* (November 2005), wwww.hbr.org, accessed 12 November 2014.

(13) Ibid.

(14) Mark Moberg and Steve Striffer, 'Introduction', in *The Banana Wars: Power, Production and History in the Americas*, ed. Steve Striffer and Mark Moberg (Durham, NC, 2003), p. 1.

(15) Eduardo Posada-Carbó, 'Fiction as History: The Bananeras and Gabriel García Márquez's *One Hundred Years of Solitude*', *Journal of Latin American Studies*, XXX/2 (1998), pp. 395-4I4.

(16) Ana Carrigan, *The Palace of Justice: A Colombian Tragedy* (New York, 1993), p. 16.

(17) See Posada-Carbó, 'Fiction as History'.

(18) Harriet Lamb, *Fighting the Banana Wars, and other Fairtrade Battles* (London, 2008), pp. 1, 2.

(19) 'Living in the Shadow of the Banana Trade', *Fiji Times Online* (31 August 2008), www.fijitimes.com, accessed 20 November 2014.
(20) See www.ipmcenters.org, accessed 19 November 2014.
(21) Te'o Tuvale, *An Account of Samoan History up to 1918* [1918], at www.nzetc.victoria.ac.nz, accessed 18 November 2014.
(22) 'Samoa's *Misiluki* Bananas a Hit with Kiwi Consumers, www.theepochtimes.com, accessed I7 November 2014.
(23) The Self-adhesive Stamps of Tonga, www.philatelicdatabase.com, accessed 14 November 2014.

第4章　象徴としてのバナナ

(1) Washington Banana Museum, www.bananamuseum.com, accessed 11 November 2014.
(2) Arnold Shaw, *The Jazz Age: Popular Music of the 1920s* (New York, 1987), p. 133.
(3) これはフランク・シルヴァーとアーヴィング・コーンが1922年に書いた歌の1番である。Shapiro, Bernstein & Co.,New York が出版した GEM 版を参照。
(4) Shaw, *The Jazz. Age*, p. 132.
(5) Chris Bebenek, 'Harry Belafonte' in *African American Lives*, ed. Henry Louis Gates and Evelyn Brooks (Oxford, 2004), p. 65.
(6) See Victor Bockris, *Up-tight: The Velvet Underground Story* (London, 2009).
(7) Scott Mervis, 'Andy Warhol Foundation, Velvet Underground Settle Lawsuit over Iconic Banana', *Pittsburgh Gazette* (20 March 2013), www.post-gazette.com, accessed 11 November 2014.
(8) Peter Chapman, *Bananas: How the United Fruit Company Shaped the World* (Edinburgh, 2007), p. 15.
(9) Ibid.
(10) Ibid.
(11) Becky Parry, *Children, Film and Literacy* (Basingstoke, 2013), p. 169.
(12) Imogen Fox, 'Prada's Print Bears Fruit', *The Guardian* (29 May 2011), www.theguardian.com, accessed 2 November 2014.
(13) Washington Banana Museum, www.bananamuseum.com, accessed 11 November 2014.

(14) Krista A. Thompson, *An Eye for the Tropics: Tourism, Photography and Framing the Caribbean Picturesque* (Durham, NC, 2006), p. 74.

(15) John Soluri, *Banana Cultures: Agriculture, Consumption and Environmental Change in Honduras and the United States* (Austin, TX, 2005), p. 59.

(16) Dan Koeppel, *Banana: The Fate of the Fruit That Changed the World* (London, 2008), p. 116.

(17) 'The Chiquita Banana Jingle', www.chiquita.com, accessed 3 November 2014.

(18) Virginia Scott Jenkins, 'Banana', in *The Oxford Companion to American Food and Drink*, ed. Andrew F. Smith (Oxford, 2007), p. 34.

(19) Matt Blitz, 'The Origin of the "Slipping on a Banana Peel" Comedy Gag', www.todayi foundout.com, accessed 4 November 2014.

(20) See *Harper's Weekly: Collected Volumes*, (1861-1909), vol. IL, p. 1738

(21) 'Going Bananas', http://guacamolegulch.blogspot.co.nz, accessed 5 November 2014.

(22) Koeppel, *Banana*, p. 66.

(23) Noel Carroll, Notes on the Sight Gag, in Comedy/Cinema/Theory, ed. Andrew Horton (Berkeley, CA, 1991), p. 25.

(24) Anthony Slide, *The New Historical Dictionary of the American Film Industry* (New York, 2013), p. 19.

ローナ・ピアッティ＝ファーネル（Lorna Piatti-Farnell）
イギリスのラフバラー大学で英文学の博士号を取得し，現在はニュージーランドのオークランド工科大学大衆文化研究所所長を務める。研究分野は文化史，20 世紀と 21 世紀文学，映画，アニメ，広告，ゴシック文学（とくに吸血鬼小説）と多岐に渡る。食物に関する知識も豊富で，歴史や文学と食物の関係に焦点をあてた著作を発表している。著書に『「食」の図書館　牛肉の歴史』（2013 年。邦訳は原書房／富永佐知子訳）他がある。

大山晶（おおやま・あきら）
1961 年生まれ。大阪外国語大学外国語学部ロシア語科卒業。翻訳家。おもな訳書に『朝食の歴史』『世界を変えた 100 の本の歴史図鑑』『アインシュタインとヒトラーの科学者』（以上，原書房），『ポンペイ』『ナチスの戦争 1918-1949』（以上，中央公論新社）などがある。

「食《しょく》」の図書館《としょかん》

バナナの歴史《れきし》

●

2016年11月25日　第1刷

著者……………ローナ・ピアッティ＝ファーネル
訳者……………大山《おおやま》 晶《あきら》
装幀……………佐々木正見
発行者……………成瀬雅人
発行所……………株式会社原書房

〒160-0022 東京都新宿区新宿1-25-13
電話・代表 03(3354)0685
振替・00150-6-151594
http://www.harashobo.co.jp

印刷……………新灯印刷株式会社
製本……………東京美術紙工協業組合

ISBN 978-4-562-05327-8, Printed in Japan

ウイスキーの歴史《「食」の図書館》
ケビン・R・コザー／神長倉伸義訳

ウイスキーは酒であると同時に、政治であり、経済であり、文化である。起源や造り方をはじめ、厳しい取り締まりや戦争などの危機を何度もはねとばし、誇り高い文化にまでなった奇跡の飲み物の歴史を描く。　２０００円

豚肉の歴史《「食」の図書館》
キャサリン・M・ロジャーズ／伊藤綺訳

古代ローマ人も愛した、安くておいしい「肉の優等生」豚肉。豚肉と人間の豊かな歴史を、偏見／タブー、労働者などの視点も交えながら描く。世界の豚肉料理、ハム他の加工品、現代の豚肉産業なども詳述。　２０００円

サンドイッチの歴史《「食」の図書館》
ビー・ウィルソン／月谷真紀訳

簡単なのに奥が深い…サンドイッチの驚きの歴史！「サンドイッチ伯爵が発明」説を検証する、鉄道・ピクニックとの深い関係、サンドイッチ高層建築化問題、日本の総菜パン文化ほか、楽しいエピソード満載。　２０００円

ピザの歴史《「食」の図書館》
キャロル・ヘルストスキー／田口未和訳

イタリア移民とアメリカへ渡って以降、各地の食文化に合わせて世界中に広まったピザ。本物のピザとはなに？世界中で愛されるようになった理由は？　シンプルに見えて実は複雑なピザの魅力を歴史から探る。　２０００円

パイナップルの歴史《「食」の図書館》
カオリ・オコナー／大久保庸子訳

コロンブスが持ち帰り、珍しさと栽培の難しさから「王の果実」とも言われたパイナップル。超高級品、安価な缶詰、トロピカルな飲み物など、イメージを次々に変えて世界中を魅了してきた果物の驚きの歴史。　２０００円

（価格は税別）